Albert Goldschmidt
**Garmisch-Partenkirchen und die
Mittenwaldbahn mit Anhang: Wintersport**

Historischer Reiseführer von 1925

SE**V**ERUS

Goldschmidt, Albert: Garmisch-Partenkirchen und die Mittenwaldbahn mit Anhang: Wintersport. Ein historischer Reiseführer von 1925

Hamburg, SEVERUS Verlag 2012
Nachdruck der Originalausgabe von 1925

ISBN: 978-3-86347315-0
Druck: SEVERUS Verlag, Hamburg, 2012

Der SEVERUS Verlag ist ein Imprint der Diplomica Verlag GmbH.

Bibliografische Information der Deutschen Nationalbibliothek:
Die Deutsche Nationalbibliothek verzeichnet diese Publikation in der Deutschen Nationalbibliografie; detaillierte bibliografische Daten sind im Internet über http://dnb.d-nb.de abrufbar.

© **SEVERUS Verlag**
http://www.severus-verlag.de, Hamburg 2012
Printed in Germany
Alle Rechte vorbehalten.

Der SEVERUS Verlag übernimmt keine juristische Verantwortung oder irgendeine Haftung für evtl. fehlerhafte Angaben und deren Folgen.

seVerus

Garmisch-Partenkirchen
und
die Mittenwaldbahn
mit Anhang: **Wintersport**

Mit 6 Karten

Abkürzungen.

Ah.	= Autohalle.	M.	= Mittagessen.
B.	= Bett(en).	P.	= Pension.
EB.	= Eisenbahn.	PA.	= Personenaufzug.
F.	= Frühstück.	*R.* oder *r.*	= rechts.
flW.	= fließ. Kalt- und Warmwasser.	S.	= Schilling.
		s. S.	= siehe Seite.
gzj.	= ganzjährig geöffnet.	St.	= Stunde(n).
Hst.	= Haltestelle.	Z.	= Zimmer.
KP.	= Kraftpost.	Zh.	= Zentralheizung.
L. oder *l.*	= links.		

Inhaltsverzeichnis.

	Seite
Allgemeines	11
München	14
Von München nach Garmisch-Partenkirchen	19
Garmisch-Partenkirchen	24
Spaziergänge von Garmisch-Partenkirchen	31
Ausflüge von Garmisch-Partenkirchen	33
Leichtere Bergtouren von Garmisch-Partenkirchen	37
Hochtouren von Garmisch-Partenkirchen ins Wettersteingebirge	39
Von Garmisch-Partenkirchen zu den Königsschlössern Linderhof, Hohenschwangau, Neuschwanstein	45
Von Garmisch-Partenkirchen über Lermoos nach Reutte	50
Von Garmisch-Partenkirchen nach Mittenwald und Innsbruck	55
Mittenwald	56
Scharnitz (Karwendelgebirge)	61
Seefeld	64
Innsbruck und Umgebung	67
Wintersport	75
Alphabetisches Register	77

Karten.

Bayerisches Hochland, am Schluß des Buches.
Plan von München (Innere Stadt), am Anfang des Buches.
Plan von Garmisch-Partenkirchen, vor dem Text.
Umgebungskarte von Garmisch-Partenkirchen, zwischen Seite 32 und 33.
Scharnitz-Seefeld-Innsbruck, zwischen Seite 60 und 61.
Plan von Innsbruck, auf Seite 69.

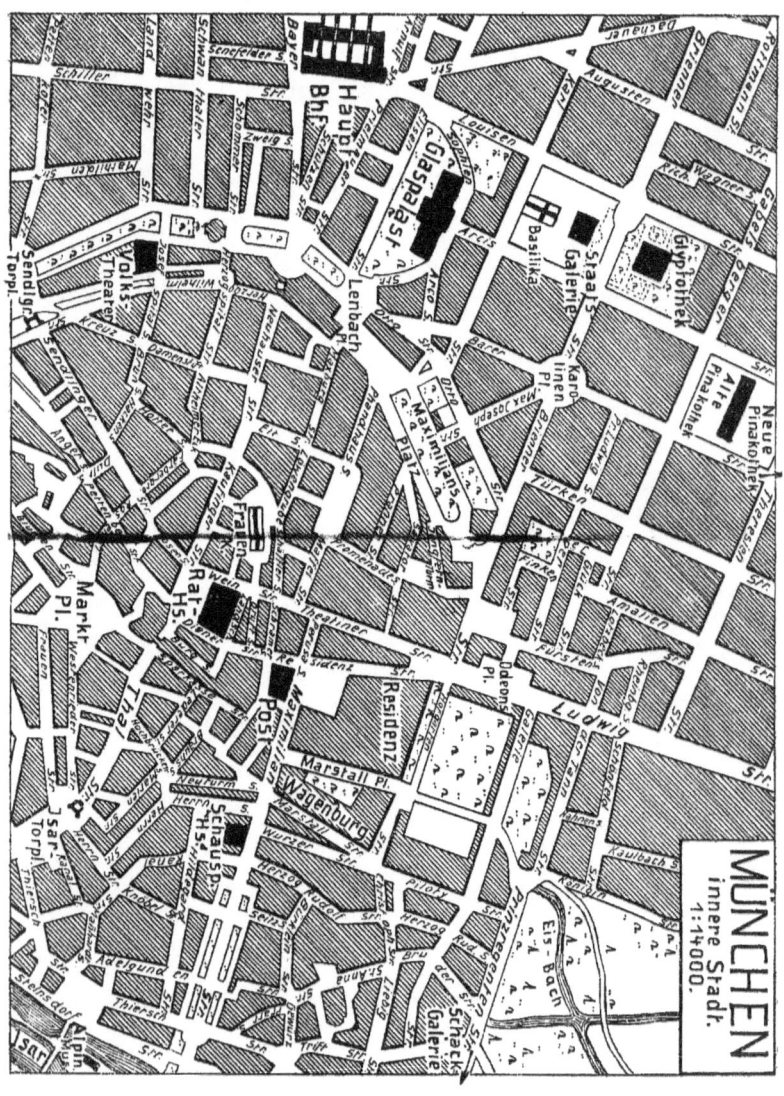

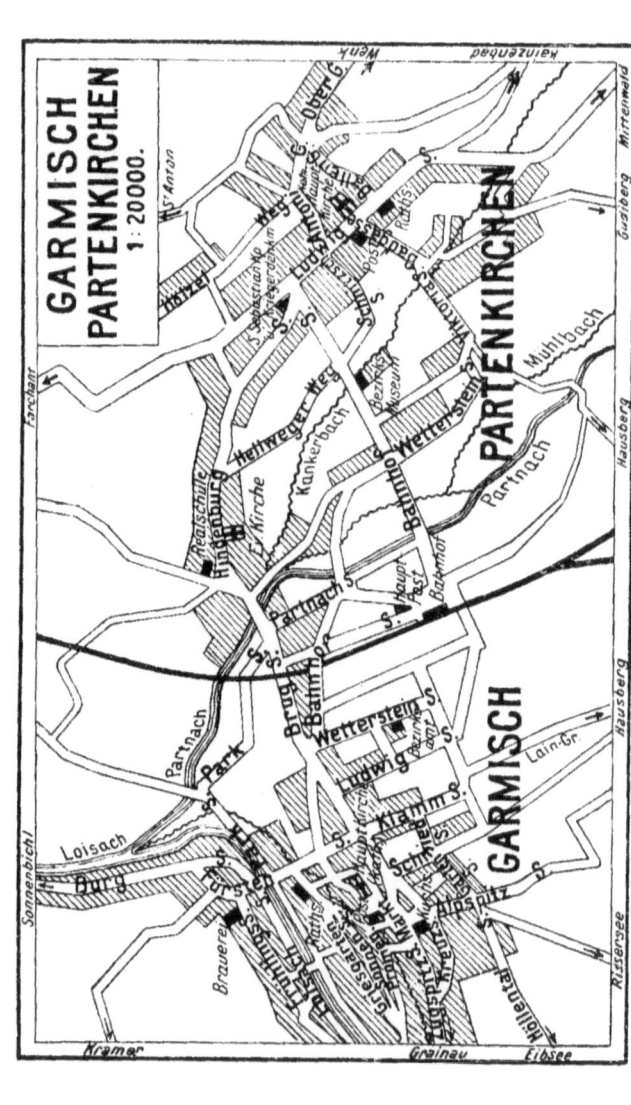

Garmisch-Partenkirchen
und die Mittenwaldbahn

Allgemeines.

Garmisch und *Partenkirchen*, die beiden oberbayerischen Kurorte, in 1½—2 St. Bahnfahrt (elektrisch) von München erreichbar, durch Lage und Bestimmung zu einem Gemeinwesen zusammengewachsen, mit 9000 Einwohnern, sind weithin rühmlich bekannt durch ihre einzigartige alpine Schönheit und ihre mustergültigen Einrichtungen, die einerseits dem Sporttreibenden, andererseits dem Erholungsuchenden dienen. Jäh und hoch, in einer überwältigend wuchtigen Massenwirkung, schwingt sich das felsige Wettersteingebirge, gekrönt von der Zugspitze (2964 m) — dem höchsten Gipfel des deutschen Reiches — aus dunklen Bergwäldern empor. Starke Wildbäche brechen aus düsteren Felsenklammen hervor, und ein weites Tal mit frischen, blumigen Wiesen, von Wohnstätten belebt, liegt zu Füßen der Berge. Malerische Straßenzüge mit alten Bauernhäusern, Kirchen und Kapellen, Gärten und Baumgruppen erfreuen das Auge; auch die großen Hotelbauten fügen sich unauffällig in das Landschaftsbild.

Der Bau der *Mittenwaldbahn* und ihrer westlichen Fortsetzung nach Ehrwald-Lermoos-Reutte hat Garmisch-Partenkirchens Fremdenverkehr nicht nur außerordentlich gehoben, sondern seinen Besuchern die bequeme Möglichkeit verschafft, Tagesausflüge und Bergtouren in das benachbarte Tiroler Gebiet leicht unternehmen zu können. Die im Bau begriffene österreichische *Zugspitzbahn*, deren Vollendung für August 1925 in Aussicht steht, wird den Besuch des Gebietes von neuem vermehren. Die Mittenwaldbahn ist von hervorragender touristischer und wirtschaftlicher Bedeutung. Sie durchläuft die großartigste Gebirgslandschaft des bayerischen Hochlandes und Nordtirols. Ihr Ausgangspunkt ist *Garmisch-Partenkirchen*, 700 m. Hier vereinigt sich mit ihr die von *Reutte* ausgehende ebenfalls elektrisch betriebene Zweigbahn, die das obere Lechtal und die Tiroler Orte Lermoos und Ehrwald an der

Loisach mit Garmisch-Partenkirchen und Innsbruck verbindet. Nördlich begrenzt von den waldigen Höhen des Esterngebirges mit Krottenkopf und Wank, überschreitet die Bahn die Wasserscheide zwischen Loisach und Isar jenseits der Station Klais, und erreicht in südlich gerichtetem Bogen das am Fuße der vorderen Karwendelkette gelegene, von der blauen Isar bespülte *Mittenwald*, 913 m. Fast erdrückend steil türmen sich hier die felsigen Grate und Gipfel des Karwendels empor, welche der Bahn den in Österreich gebräuchlichen Namen Karwendelbahn gegeben haben. Bei dem Tiroler Grenzort Scharnitz, wo sich ostwärts drei herrlich bewaldete, von mächtigen Felszinnen gekrönte Täler öffnen, verläßt die Bahn die Isar und steigt zum Dorfe *Seefeld* (1176 m), dem höchsten Punkt der Strecke, hinauf. Nun folgt eine fast ununterbrochene Reihe von Viadukten, Hochbrücken und Tunneln längs des Westabhangs des steilen, von tief eingeschnittenen Schluchten zerrissenen Gebirges, mit herrlichen Ausblicken auf das 300 m tiefer liegende Tal und auf die Sellrainer und Stubaier Hochgipfel im Süden. Der über 900 m lange *Martinswand-Tunnel* leitet die Bahn in östl. Richtung, noch immer 250 m über dem Talgrund, ins Inntal hinüber, wo sich ein herrlicher Tiefblick auf den Fluß, die Stadt *Innsbruck* und das Unterinntal eröffnet. Ohne Zweifel ist die Karwendelbahn eine der landschaftlich schönsten Alpenbahnen. Ihre kühnen, technisch vollendeten Hoch- und Tunnelbauten werden von Laien wie von Fachleuten bewundert. Nähere Beschreibung s. S. 55 ff.

Die Strecke München—Innsbruck über Mittenwald ist nur um etwa 12 km kürzer als diejenige über Kufstein. Abgesehen von der größeren landschaftlichen Schönheit, die sie bietet, dient aber gerade die Strecke zwischen Partenkirchen und Scharnitz als kürzeste Zufahrt zur großartigen Bergwelt des *Karwendels*, während die Strecke Garmisch—Ehrwald—Lermoos—Heiterwang der *Mieminger Gruppe* und dem als leichte lohnende Fußwanderung besonders beliebten *Fernpaß* sowie dem herrlichen *Plansee* Besucher zuführt.

Als **Reisezeit** für die Mittenwaldbahnlinie kann das ganze Jahr angesehen werden. Wer der in den Hauptkurorten lebhaften Hochsaison entgehen will, wähle die Zeit von Mitte Mai bis Mitte Juli, die Zeit der blühenden Wiesen und der Blüte der meisten Alpenpflanzen. Die Hochgipfel tragen dann noch zum Teil das Hermelinkleid des Winters, im Gegensatz zu dem freundlichen Grün der unteren Landschaft. Der touristische Hauptbesuch aller Orte fällt in die Wochen vom 15. Juli bis Ende August. Diese Zeit ist die geeignetste für Hochtouren in Fels und Schnee; Gipfel und Pässe sind, wenn nicht vergletschert, um diese Zeit schneefrei. Für Talwanderungen, verbunden mit leichten Bergfahrten, gibt es keine schönere Zeit als September und Oktober — für solche, die gern dem sommerlichen Massenbesuch der Alpen aus dem Wege gehen. Was nun die immer beliebter werdende *Wintertouristik*, verbunden mit *Wintersport*, anbelangt, so bietet gerade die Mittenwaldbahn zahlreiche und unvergleichlich günstige Gelegenheiten dazu. Jede von der Mittenwaldbahn berührte Station ist auch für den Winter geeignetes Touren-Standquartier. Als *winterliche Touristen-* und *Sportstationen* kommen in erster Linie in Betracht: *Garmisch* und *Partenkirchen, Mittenwald, Ehrwald* und *Lermoos, Scharnitz, Seefeld, Innsbruck.* In diesen Orten sind alle Hotels und Gasthöfe auch auf Winterbetrieb eingerichtet.

Karten. Folgendes Kartenmaterial wird neben dem diesem Führer beigegebenen für das in Frage kommende Gebiet gute Dienste leisten: Zugspitzkarte 1:50000 und Karwendelkarte 1:50000, herausgegeben vom Deutschen und Österreichischen Alpenverein. Alpenvereinskarte 1:25000, Lechtaler Alpen (Heiterwand und Muttekopfgebiet). Topographischer Atlas von Bayern 1:50000, Blatt 97 (Mittenwald West und Ost), Blatt 98 (Scharfreiter). Österreichische Spezialkarte 1:75000, Zone 16, Kolonne III (Lechtal), Zone 16, Kolonne IV (Zirl-Nassereit), Zone 16, Kolonne V (Innsbruck—Achensee). Schweyer's Tourenkarte.

Führer. Schwierige Touren oder Hochgebirgswanderungen in nicht oder mangelhaft markierten Gebieten (z. B. Karwendel) erfordern die Mitnahme eines *Führers*, falls man nicht selbst geübter Alpinist mit guter Orientierungsgabe ist. Gletscher — auch die als leicht und ungefährlich bezeichneten — betrete man nur angeseilt. Für zwei Touristen genügt meist 1 Führer; bei schwierigen, langen Gletschertouren wird indes der Einzeltourist häufig 2 Führer benötigen. Für das hier behandelte Gebiet sind größere Führerstationen: Garmisch, Partenkirchen, Mittenwald, Ehrwald, Scharnitz, Innsbruck und Fulpmes.

Zur **Einreise nach Tirol** ist nur noch ein vorschriftsmäßiger Paß erforderlich, der das Visum eines österr. Konsulats bzw. (wo sich kein solches befindet) den Zusatz der zuständigen politischen Behörde tragen muß: „Gültig zur Einreise nach Tirol".

Touristen, die die bayerisch-österreichische Grenze zum Zweck von Ausflügen und Touren überschreiten wollen, erhalten in den bayerischen Grenzorten (meist auf den Bahnhöfen oder beim Bezirksamt) gegen Vorzeigung eines amtlichen Personalausweises mit Lichtbild des Inhabers oder eines Passes und Erlegung einer geringen Gebühr (1—2 $\mathscr{M}$; letzterer Preis für Fahrt nach Innsbruck) die sog. *Ausflugsklausel* eingetragen. Diese berechtigt zum 2maligen Grenzübertritt innerhalb von 3 Tagen einschl. des Reisetages. Jede Amtsstelle gibt die Klausel nur für den ihr benachbarten Grenzbezirk, z. B. Garmisch für den Grenzstrich bis zum Achensee östlich, Seefeld (Mösern) Fernstein, Lermoos Reutte—Weißenbach—Nesselwängle—Hindelang südlich und westlich. Innerhalb dieses Bezirks kann die Grenze an beliebiger Stelle bei der Rückkehr überschritten werden. Nur wer nach *Innsbruck* fährt, muß den gleichen Weg zurück nehmen und hat in Mittenwald außerdem eine österr. Grenzgebühr von 1 $\mathscr{M}$ zu bezahlen. Nur Touristengepäck ist zulässig.

Zollrevisionen finden bei Überschreitung der Tiroler Grenze in der Regel in Mittenwald bzw. Griesen, in umgekehrter Richtung in Scharnitz oder Ehrwald im Zuge statt.

München*).

(Siehe **Plan von München** *[innere Stadt]*, am Anfang des Buches.)

München, die Hauptstadt des Volksstaates Bayern, 519 m ü. M., liegt an beiden Ufern der Isar und zählt mit seinen Vorstädten 700000 Einw.

Verkehrswesen.

Bahnhöfe: a) *Hauptbahnhof*, am Bahnhofsplatz, Kopfstation ausschließlich für den Fernverkehr; vom Ankommenden r., an den Hauptbahnhof südl. anschließend, der b) *Holzkirchener Bahnhof*, Bayerstr., Züge nach Holzkirchen—Bad Tölz, Tegernsee, Schliersee—Bayrischzell, *l.* an den Hauptbahnhof anschließend, an der Nordseite, der c) *Starnberger Bahnhof*, Arnulfstr., für die Züge nach Starnberg, Murnau—Gar-

---
*) Ausführlichere Angaben siehe **Griebens Reiseführer**, Bd. 19: **München und die Königsschlösser**.

Unterkunft und Verpflegung.

misch-Partenkirchen—Mittenwald—Innsbruck, Kochel und Oberammergau; d) *Südbahnhof* und e) *Ostbahnhof* sind Nebenbahnhöfe, an der Salzburger und Simbacher Linie, letzterer auch Ausgangspunkt für die Linien München-Ost—Deisenhofen und München-Ost—Aying-Kreuzstraße; *Isartalbahnhof*, Schäftlarnstr. (Straßenbahn Linie 10) nach Wolfrathshausen und Bichl mit Anschluß nach Kochel.

Amtliche Auskunftsstelle des Fremdenverkehrsvereins München und Bayer. Hochland (e. V.), Hauptbahnhof, Nordbau.

Elektr. Straßenbahn. 30 Linien, welche die Stadt nach allen Richtungen durchziehen. Umsteigfahrscheine.

Fremdenrundfahrten. Von Mai bis September tägl. außer Sonntags, Abfahrt 9½ u. 11½ Uhr vorm. und 2½ u. 4½ Uhr nachm. vom Bahnhofsplatz und ¼ Stunde später Abfahrt vom Lenbachplatz (Goethedenkmal). Fahrtdauer 2 St. Fahrkarten an den Abfahrtstellen, im Amtlichen Reisebüro, Promenadeplatz 16 und im Büro des Fremdenverkehrsvereins, Hauptbahnhof.

Post hinterm Bahnhof (Bayerstraße) und am Max Josefs-Platz (Hauptpost), außerdem Filialen in den verschiedenen Stadtteilen. **Telegraph:** im Haupttelegraphengebäude am Bahnhofsplatz; im Hauptbahnhof, in der Hauptpost und in den Postfilialen. **Telephon,** öffentl. Sprechstellen: Hauptpost, Hauptbahnhof, Telegraphenamt sowie in den meisten Postfilialen.

Unterkunft und Verpflegung.

Hotels. Ersten Ranges: *H. Continental*, Ottostr. 6, 120 Z. mit 150 B. v. 7—16 ℳ, F. 2, M. od. A. 4, P. 16—25 ℳ, Rest., Bäder, flW., Zh., PA., gzj., vornehmes Haus, höchster Komfort, ruhige Lage, empfohlen; *Regina-Palast-Hotel*, Maximiliansplatz 5, prunkvoller Bau mit luxuriösen Einrichtungen, 300 B. v. 7 ℳ an, F. 2, P. v. 14 ℳ an, Terrassen-Rest., Konditorei, Bar, Parkanlagen, 100 Privatbäder, flW., Zh., PA., Ah., sehr komfortabel; *H. Vier Jahreszeiten*, Maximilianstr. 4, 220 Z. mit 300 B. v. 8—12 ℳ, F. 2½, M. od. A. 6, P. 20—24 ℳ, Weinrest., Café, Bar, Garten, Bäder, flW., Zh., PA., Ah., gzj., altbewährtes Haus, höchster Komfort; *H. Bayrischer Hof*, Promenadeplatz 19, 300 Z. mit 450 B. v. 5—15 ℳ, F. 2, M. od. A. 4, P. 12½—22 ℳ, Rest., Café, Garten, Wintergarten, Bäder, Zh., PA., Ah., höchster Komfort, ausgezeichnet, amtl. Fahrkartenausgabe u. Gepäckabfertigung; *H. Der Königshof*, (vorm. *Gr. H. Bellevue*), Karlsplatz 25, 150 Z. mit 200 B. v. 5 ℳ an, F. 2, P. v. 12 ℳ an, abgeschl. Appartem. m. Privatbädern, Rest., Diele, schöne Terrasse, Zh., PA., Ah., Telegraphen-Büro im Hotel; *H. Marienbad*, Barerstr. 11 u. 20, 100 Z. mit 120 B. v. 6 ℳ an, F. 2, P. v. 13 ℳ an, Garten, Bäder, flW., Zh., PA., Ah., komfortabel, altbewährt; *Parkhotel*, Maximiliansplatz 21, 160 Z. mit 220 B. v. 4—8 ℳ, F. 2, M. 2 bis 4½, A. 2½—4 ℳ, vornehmes Rest., Bäder, flW., Zh., PA., gzj., ruhige Lage, mit höchstem Komfort, empfohlen; *Eden-H.*, Arnulfstr. 6/8, am Hbf. Nordbau, 100 Z. mit 140 B. v. 4½—10 ℳ, F. 1,60 ℳ, Bäder, flW., gzj.; *Rheinischer Hof*, Bayerstr. 17/23, am Hbf., 110 Z. mit 160 B. v. 4 ℳ an, F. 1½, P. v. 11 ℳ an, Garten, Bad, komfortabel; *H. Reichsadler*, Herzog-Wilhelm-Str. 32, 180 B. v. 4 ℳ an, F. 1½, P. v. 11 ℳ an, Café-Rest., Wintergarten, Bäder, flW., Zh., PA.; *H. Excelsior*, Schützenstr. 5, am Bhf., 150 Z. mit 230 B., Rest.; *H. Leinfelder*, Lenbachpl. 9, 150 Z. mit 200 B. v. 5—8 ℳ, F. 1,80, M. 3½, A. 2½, P. 11—15 ℳ, sehr komfortabel, Rest., Garten, Bäder, flW., Zh., PA., gzj., guter Ruf; *H. Posch* (*Englischer Hof*), Dienerstr. 11, 190 Z., P. v. 10 ℳ an. Rest., Bad, flW., aller Komfort; *H. Gartenheim*, Ludwigstr. 22a u. b, inmitten alter Gärten sehr ruhig gelegen, 65 Z. mit

90 Z. B. v. 4—7 ℳ, F. 1½, M. 3½, A. 2¾, P. 10--13 ℳ, Garten, Bäder, Zh., gzj.; *H. Roter Hahn*, Karlsplatz 11/12, 135 Z., P. v. 10 ℳ an, gr. Rest.; *H. Stadt Wien*, am Hauptbahnhof, rechts der Bahnsperre, 100 Z., Rest., Bierwirtschaft *Märzenkeller*, großes Café u. Künstlerspiele *Boccaccio*, flW., PA., moderner Neubau; *Gr. H. Grünwald*, Hirtenstr. 25, am Hbf., bequem gelegen, 200 Z. m. 300 B., Rest., Bäder, gelobt.

Gut bürgerliche Häuser: *H. Europäischer Hof*, Bayerstr. 31, gegenüber d. Hbf. (Südbau), 150 Z. mit 220 B. v. 4—10 ℳ, Rest., Konzert-Café und Diele „Bristol", Bäder, flW., Zh., PA., gzj.; *Deutscher Kaiser*, Arnulfstr. 2, am Hbf., Nordausgang u. Starnberger Bhf., 400 Z. mi 500 B. v. 3—6 ℳ, F. 1½ ℳ, großes bekanntes Rest., Café, Bäder, flW., Zh., PA., gzj., Reisebureau u. Fahrkartenausgabe, komfortabel; *H. Haus der Landwirte* (vorm. *Metropol*, *Terminus* u. *Post*), Bayerstr. 41—45, gegenüber dem Hbf., rechter Ausgang, 90 B., Rest., Zh., Bad; *H. Deutscher Hof*, am Karlstor, 170 Z. mit 220 B. v. 4½ bis 7 ℳ, F. 1¾, M. 3, P. v. 11 ℳ an, eleg. Café-Rest., Bäder, flW., Zh., PA., gzj., gelobt; *H. Kaiserhof*, Schützenstr. 12 in der Nähe des Hbfs., 180 Z. mit 230 B. v. 4½—7½ ℳ, F. 1,40, P. 11—14 ℳ, Rest., Café, Bäder, Zh., PA., gzj.; *H. Schottenhamel*, Prielmayerstr. 3, 150 B., gr. Rest. mit vorzügl. Küche, altbewährtes Haus; *H. Peterhof*, Marienpl. 26, 50 Z. mit 80 B. v. 3½—5 ℳ, F. 1½, M. od. A. 2—3 ℳ, Café-Rest., Bad, Zh., PA., gzj., Konz\`rt, gut geführt; *H. Union*, Barerstr. 7, 50 Z. mit 70 B. v. 4 ℳ an, Rest., Bad, Zh., gelobt; *H.-Pens. Feldhütter*, Elisenstr. 5, am Hbf., 50 Z. mit 80 B. v. 3½—5 ℳ, F. 1½, M. 2½, A. 2, P. 9½—10½ ℳ., Speisesaal, Bäder, Zh., PA., gzj.; *H. Bamberger Hof*, Neuhauser Str. 25/26, 150 Z. mit 220 B. v. 2,60—5 ℳ, F. 1, M. od. A. 1½, P. 8—12 ℳ, Rest., Bierhalle, Bäder, Zh., PA., Ah., gzj.; *H. Germania*, Schwanthalerstr. 28, 50 Z., Café-Rest., Kabarett *Germaniabrettl*, Bäder, Zh., Ah.; *H. Wagner*, Sonnenstr. 21/23, tägl. Konzert; *H. Bavaria*, Schillerstr. 10, 70 Z., Café-Rest., Bad; *Schweizer Hof*, Lindwurmstr. 23—25, 50 Z., Rest., Bäder, Zh., kein Trinkzwang; *H. Wolff*, Arnulfstr. 4, beim Hauptbhf., 100 Z. mit 140 B. v. 3—6 ℳ, F. 1½ ℳ, Rest., Café, Bad, flW., Zh., PA., gzj.; *H. Herzog Heinrich*, Landwehrstr. 9, 120 Z. mit 162 B., modern eingerichtet; *H. schwarzer Adler*, Schillerstr. 32.

Für einfache Ansprüche: *H. Fränkischer Hof (Bahnhofshotel)*, Senefelderstr. 2/3, am Hbf., rechter Ausgang, 100 Z. mit 150 B., Rest., Bäder, Zh., PA., gzj.; *H. Kronprinz*, Zweigstr. 10, Rest., Bäder; *H. Würzburger Hof*, Goethestr. 8, 24 Z., Bäder; *H. Sächsischer Hof*, Arnulfstr. 22 u. 24, am Hbf., 70 Z. mit 115 B. v. 3 bis 4½ ℳ, M. od. A. 1½—2½ ℳ, Rest., Bad, Zh., PA., gzj.; *H. Strohhöfer*, Zweigstr. 3, ruhiges Haus, nahe dem Bhf., modern, gelobt; *H. Senefelderhof*, Senefelderstr. 14, 3 Min. v. Hbf., 50 Z. mit 95 B. v. 2½—3½ ℳ, F. 1, M. 0,85—1,30, A. ½—1½ ℳ, Rest., Zh., gzj.; *H. Münchener Hof*, Dachauer Str. 19/21, 65 Z. m. 120 B. v. 2½—3½ ℳ, Rest., Café, Zh., PA., Ah., gzj., verbunden mit *Apollo-Theater*; *Gesellschaftshaus Kreuzbräu*, Brunnstr. 7, 30 Z. mit 50 B., Rest., Zh.; *Drei Könige*, Schwanthalerstr. 38, 22 Z. mit 35 B. v. 3 ℳ an, F. 0,80, Rest., Garten, Bad, Zh., gzj.; *Fürstenfelder Hof*, Fürstenfelder Str. 14; *Ingolstädter Hof*, Arnulfstr. 10; *Pfälzer Hof*, Schommerstr.; *Schwarzer Adler*, Schillerstr. 32; *H. Stadt Rosenheim*, Orleansstr. 43; *Stuttgarter Hof*, Marsstr. 2; *Großer Rosengarten*, Schützenstr. 3; *H. zum Bögner*, Tal 72.

Hospize: *Christl. Hospiz*, Mathildenstr. 5, ruhige Lage, 123 Z. mit 180 B. v. 2,40—4,20 ℳ, F. 0,70—0,90, M. 0,80—1 ℳ, Bäder, Zh., gzj.; *Bahnhofs-Hospiz München* mit *Rest. Drei Löwen*, 70 Z. mit 100 B.

Unterhaltungen. — Sehenswürdigkeiten.

v. 2½—4 ℳ, F. 1, M. v. 1¼ ℳ an, Bäder, Zh., gzj.; *Christl. Hospiz Wartburg*, Landwehrstr. 16, 65 Z. mit 100 B. v. 2—3½ ℳ, F. 0,70, M. v. 0,80 ℳ an, Rest., Bäder, Zh., gzj.

Bierhäuser mit Restaurants und Bierkeller: *Hofbräuhaus*, am Platzl, prächtiger Bau mit sehenswertem Festsaal, in jeder Hinsicht besuchenswert, Münchner Spezialität; Restaurant „*Platzl*", am Platzl 9; *Bürgerbräu*, Kaufingerstr. 6, gr. vortreffliches Rest. mit Mittagstisch, sehr besucht; *Gasthaus zum Spaten*, Neuhauserstr. 11; *Pschorrbräubierhallen*, Neuhauserstr. 11, mit altertümlichem Kneiphof; *Zum Augustiner*, Neuhauserstr. 16; *Spatenbräubierhallen*, Neuhauserstr. 26; *Mathäserbierhallen*, Bayerstr. 5; *Märzenkeller*, Bayerstr.; *Weißbierhalle*, Bayerstr. 33; *Zum Franziskaner*, Residenzstr. 9, der Post gegenüber; *Bauerngirgl*, Residenzstr. 19, 20; *Humplmayr*, Maximiliansplatz 17; *Deutsches Haus*, Lenbachplatz; *Domhof*, Kaufingerstr. 15; *Schottenhamel*, Prielmayerstr. 3; *Großer Rosengarten*, Bayerstr. 6; *Nürnberger Bratwurstglöckl*, Frauenplatz 9; *Schlicker*, Tal 74; *Högerbräu*, Tal 75; *Spöckmaier*, Rosenstr. 8; *Drei Rosen*, Rindermarkt 5; *Bögner*, Tal 72; *Metzgerbräu*, Tal 62; *Torbräu*, Tal 37; *Weißbierbräuhaus*, Tal 10; *Pschorrbrauerei*, Bayerstr. 30; *Spatenkeller*, Bayerstr. 109; *Hackerkeller*, Theresienhöhe 2; *Bavariakeller*, Theresienhöhe 3; *Löwenbräukeller*, Nymphenburgerstr. 2; *Arzbergerkeller*, Nymphenburgerstr. 10; *Thomasbräukeller*, Kapuzinerplatz 5; *Bürgerbräukeller*, Rosenheimerstr. 17; *Stadtkeller*, Rosenheimerstr. 15; *Franziskanerkeller*, Hochstr. 7; *Salvatorkeller*, Hochstr. 53; *Hofbräuhauskeller*, Innere Wienerstr. 19; *Augustinerkeller*, Arnulfstr. 52.

Zahlreiche **Weinhäuser — Cafés — Konditoreien.**

Unterhaltungen.

Theater: *National-Theater*, Max-Joseph-Platz, Oper und Schauspiel (Juli geschlossen), 2200 Plätze. — *Residenz-Theater*, daneben, Schauspiel und Spieloper, Mozart-Aufführungen. — *Prinzregenten-Theater*, Prinzregentenstr. 12, schöner Neubau, Schauspiel, Oper und Festaufführungen (Münchener Festspiele). — *Theater am Gärtnerplatz*, Operetten. — *Schauspielhaus*, Maximilianstr. 34/35, moderne Dramen und Lustspiele. — *Künstlertheater* (nur im Sommer) im Ausstellungspark. — *Lustspielhaus*, Barerstraße 7, Lust- und Schauspiel. — *Kammerspiele*, Augustenstr. 89, moderne Stücke. — *Volkstheater*, Josefspitalstr. 10a, Volksstücke, Possen, Lustspiele.

Variétés, Kabaretts und Singspielbühnen: *Deutsches Theater*, erstklassiges Variété, Schwanthalerstr. 13; *Kolosseum*, Variété, Kolosseumstraße 4; *Bonbonniere*, Kabarett, Am Kosttor; *Cherubin-Palast*, Maximilianstr. 4; *Boccaccio*, Kabarett, Bayerstr.; *Benz*, Kleinkunstbühne, Leopoldstr.; *Künstlerring*, Sendlingertorplatz; *Tabarin Luitpold*, Salvatorplatz 4; *Serenissimus*, Akademiestr. 9; *Peterhofspiele*, Marienplatz; *Hofgartenspiele*, Kabarett, Ludwigstr.; „*Platzl*", am Platzl; *Simplizissimus*, Türkenstr. 57; *Wien-München*, Sonnenstr. (Hotel Wagner); „*Bunter Vogel*", Adalbertstr. 41a; *Malkasten*, Augustenstr.

Sehenswürdigkeiten.

Bei beschränkter Zeit besuche man: *Alte* und *Neue Pinakothek, Staatsgalerie, Deutsches Museum, Glyptothek, Frauenkirche, Residenzmuseum, National-Museum, Schack-Galerie, Bavaria.*

Alpines Museum, Praterinsel 5, Sonntag 10—12 Uhr 20 Pf., Mittwoch 2—5 Uhr frei. Freitag 2—5 Uhr 20 Pf.; zu allen anderen Zeiten wochentags 9—5 Uhr 1 ℳ, A.-V.-Mitglieder 50 Pf.

Arbeiter-Museum, Bayer. Pfarrgasse 3. Tägl. außer Montag 10 bis 12 Uhr, Eintr. frei.

Armee-Museum, Hofgartenstr. 1. Geöffn. werktags (außer Sonnab.) 10—12½ u. 3—6 Uhr, Sonnt. 10—1, Eintritt 50 Pf., Sonntags für Reichsdeutsche frei.

✱ Bavaria und Ruhmeshalle, Theresienhöhe 5, im Sommer: 8—12 u. 2—7 Uhr; im Winter: 10—12 u. 2—4 Uhr. Eintritt 30 Pf.

Bibliothek, Staats-, Ludwigstr. 23. Wochent. 8—6, Sonnab. 8—1 Uhr. Vom 1. August bis 15. September Mont. bis Sonnab. 8—1 Uhr.

✱Botanischer Garten in Nympenburg, Menzinger-Str. (Straßenbahnlinie 1 u. 4). Freilandanlagen tägl. 9—6 Uhr frei; Gewächshäuser 10—12 u. 2—6 Uhr, Eintr. Werktags 1 ℳ, Sonntags 50 Pf.

Deutscher Künstler-Verband „Die Juryfreien", Prinzregentenstr. 2. Werktags 9—6, Sonntags 10—1 Uhr, Eintr. frei.

✱✱ Deutsches Museum von Meisterwerken der Naturwissenschaft und Technik, Museumsinsel. Geöffnet werktags 9—9 Uhr, Sonntags 10—6 Uhr. Eintritt 50 Pf., nach 6 Uhr abends 25 Pf. Turmfahrt 50 Pf.

Deutsche Verkehrsausstellung München 1925 (Juni—Oktober) im Städt. Ausstellungspark, Theresienhöhe 4a. Geöffn. tägl. von 9 Uhr vorm. bis 12 Uhr nachts. Eintritt 2 ℳ, von 12 Uhr mittags bis 6 Uhr abends 1 ℳ.

✱Englischer Garten.

✱Glyptothek, am Königsplatz 3, Sonn- und Feiertags 10—1, werktags (außer Freitag) 10—5 (Oktober, Februar—April 10—4, November, Dezember, Januar 10—3 Uhr), Sonntags und Mittwochs frei, sonst 1 ℳ.

Historisches Stadtmuseum (*Maillinger-Sammlung*), Jakobsplatz 1. Sonnt., Dienst. u. Donnerst. 9—1 Uhr, Eintr. Dienst. und Donnerst. 50 Pf., Sonntags frei.

Justiz-Palast, Elisenstr. 1a. Besichtigung der inneren Räume (Repräsentationssaal, Bibliothek, Schwurgerichtssaal) gestattet. Anmeldung beim Pförtner am Karlsplatz, Eintr. 1 ℳ.

Kirchen: ✱*Allerheiligenkirche* (Kirchenmusik Sonntag 11 Uhr); ✱*Frauenkirche* (Kirchenmusik Sonnt. 9 Uhr), Turmbesteigung wochent. 9—6, Sonntags 10—6 Uhr, 50 Pf.; ✱*Basilika*; *Ludwigskirche*; *Auer Mariahilfkirche*; ✱*St. Michaelskirche* (Garnisonkirche; Musik Sonnt. 9 Uhr); *Theatinerkirche* (Sonnt. 9 Uhr Kirchenmusik); ✱*Lukaskirche*, protestantisch; *Peterskirche*, Turmbesteigung täglich 10—6 Uhr, 50 Pf.; *Johann-Nepomuk-Kirche*; *Johanneskirche*; *Giesinger Kirche*; *Markuskirche* u. a.; *Synagoge*, Musterbau.

Kunstausstellung (*Jahresausstellung*) **im Glaspalast:** 1. Juni bis 30. September tägl. 9—6 Uhr.

Kunstausstellung (der Münchener Künstlergenossenschaft) im alten Nationalmuseum, Maximilianstr. 26, tägl. 9—6 Uhr (bzw. im Winter bis Einbruch der Dunkelheit), Sonntags 10—1 Uhr, 50 Pf.

Kunstgewerbe-Verein, Bayr., Pfandhausstr. 7, werktägl. 9—1 u. 3—6 Uhr. Eintritt frei.

Künstlerhaus, Lenbachpl. 24, Mai—Oktober 10—6, Sonnt. 10 bis 12 Uhr. Eintritt 1 ℳ.

Kunstverein, Galeriestr. 10. Geöffnet werktags 10—6 Uhr, Sonntags 9—6 Uhr. Eintritt 50 Pf. Am 1. und 15. jeden Monats geschlossen.

Lenbach-Galerie, Luisenstr. 33. Eintritt ab Atelierbesichtigung werktags 2—5 Uhr, Sonntags 10—12 Uhr, 1 ℳ.

Lotzbecksche Kunstsammlung, Karolinenpl. 3, Dienst. u. Freit. 1—4 Uhr, frei.

Marstall-Museum, Marstallplatz 2. Geöffnet werktags (außer Montag) 9—1 u. 3—6 Uhr, Sonntags 10—1 Uhr, Eintritt 50 Pf.

Maximilianeum, Äuß. Maximilianstr. 20, auf der Gasteighöhe, März bis Oktober tägl. 9—1 u. ½3—6 Uhr, Eintr. 1 ℳ. Während des Winters nur mit Erlaubnis des Direktors.

Münchener Neue Sezession, Glaspalast, Eing. durch d. Botan. Garten. 1. Juni—30. Septbr. täglich 9—6 Uhr.
Münzsammlung, Neuhauserstr. 54, Eingang Maxburgstr., frei; persönl. Anmeldung, tägl. geöffnet 10—12 Uhr.
***National-Museum, Bayer.**, Prinzregentenstr. 3, werktags (außer Montag) 9—4, Sonntag 9—1 Uhr. Sonntag und Mittwoch frei, sonst 1 ℳ. *Peruanische Sammlung* (im Studiengebäude), Donnerstag 3—5 (Oktober bis März 2—4), Sonnabend 10—12 Uhr, frei.
Nationaltheater. Innere Einrichtung der Bühne am Samstag pünktlich 2 Uhr, Maximilianstr. 50 Pf.
***Neue Staatsgalerie**, Königsplatz 1. Geöffnet 9—4, Sonntag 9—1, Mittwoch geschlossen, Eintritt 1 ℳ, Sonntag frei.
***Nymphenburg**, Schloß mit Park, werktags 10—11 u. 2—6 Uhr, Sonntags 2—6 Uhr, Eintr. 1 ℳ.
****Pinakothek, Alte**, Barerstr. 27. Geöffnet: vom 15. März bis 31. Okt. an Werktagen von 9—4 Uhr, an Sonn- und Feiertagen von 9 bis 1 Uhr. Im Winterhalbjahr von 10—3 Uhr, an Sonn- und Feiertagen von 10—1 Uhr. Eintritt 1 ℳ, Dienstags 2 ℳ, Sonntags frei.
***Pinakothek, Neue**, Barerstr. 29. Geöffnet: vom 1. April bis 30. Sept. werktags (außer Donnerstag) von 9—4 Uhr, an Sonn- und Feiertagen 9—1 Uhr. Im Winter 9—3 bzw. 9—1 Uhr. Eintritt 1 ℳ, Sonntags frei.
Prinzregenten-Theater, Prinzregentenplatz 12. Freitag nachm. 2 Uhr, 50 Pf.
Rathaus, Neues, Marienpl. 8, Sitzungssäle wochentags (außer Sonnabend) 2—3 Uhr, Eintr. 50 Pf. Glockenspiel täglich 11 Uhr vorm. Elektr. Aufzug auf den Turm (Aussicht) Montag—Freitag 8—½5, Sonnab. 8—1 u. Sonntag 10—1 Uhr, 1 ℳ.
****Residenz-Museum**, Max-Joseph-Platz. Geöffnet 1. Mai bis 15. Okt. werktags (außer Dienstag) 9—12 und 3—6, Sonn- u. Feiertags 10—1, 16. Okt. bis 30. April wochent. 10—2, Sonn- u. Feiert. 10—1. Eintritt 1 ℳ, im Winter Sonntags frei.
***Schack-Galerie**, Prinzregentenstr. 9, Sonntag 10—1, werktags 9—4 Uhr; Eintr. 1 ℳ, Sonntags frei. Donnerstags geschlossen.
Schwanthaler-Museum, Schwanthalerstr. 6. Geöffnet täglich 9 bis 2 Uhr, Eintr. Mont., Mittw., Freit. frei, sonst 30 Pf.
Völkerkunde, Museum für, Arkadenbau, Galeriestr. 4. Geöffnet Sonntags und Freitags 10—12½ Uhr, Dienst. und Mittw. 3—5 (Okt. bis März 2—4) Uhr. Eintr. frei.

Von München nach Garmisch-Partenkirchen.

100 km, elektrischer Betrieb. *Schnellzug* ca. 1½, *Personenzug* ca. 2 St. (Abf. Starnberger Bahnhof, nördl. am Hpt.-Bhf.).

Die Bahn führt zunächst westlich nach (7,5 km) *Pasing*, biegt hier nach Süden um und gelangt über (14 km) *Planegg* (r. die idyllisch gelegene Wallfahrtskirche *Maria Eich*) nach (18,9 km) *Gauting* (**Gasth. Post; Neugauting; Münchenerberg.** — *Rest. Würmbad*). — In der Nähe das *Schwefelbad Gauting*. ¼ St. oberhalb die *Reismühle*, der Sage nach Geburtsstätte Karls des Großen. Von hier reizender Waldfußweg der Würm entlang nach Mühltal (s. unten). Die Bahn zieht durch Wald zur (23,5 km) Stat. *Mühltal. L.* in der Tiefe *Mühlen (Försterhaus* und *Wirtshaus)* in malerischer Umgebung. ¼ St. östl. Dorf *Leutstetten* mit *Schloß* Königs Ludwigs III. Fußwege und die aussichtreiche Straße führen in 1—1¼ St. von Mühltal nach *Starnberg.* Die Bahn zieht am schönen Ökonomiegut *Rieden* vorbei nach (28 km) **Starnberg** (unmittelbar am Bahnhof der Dampfbootlandeplatz), 587 m (*Bayrischer Hof,* am See, 40 Z. mit 50 B. v. 3½ ℳ an, F. 1½, P. v. 9 ℳ an, Rest., Garten, Zh., flW., Ah.; *Pellet-Mayer,* Perchastr. 77, 16 Z. mit 28 B. v. 2—4 ℳ, F. 1, P. 6—8 ℳ, Rest., Café, Garten, Bad, Zh., Ah., gzj.; *H. Seehof,* Maximilianstr. 54, 25 Z. mit 45 B. v. 2,20—6 ℳ, F. 1—1½, P. 6—12 ℳ, Rest., Café, Garten, Bäder, flW., Zh., Ah., gzj.; *Deutsches Haus,* am See; *Gasthof zur Eisenbahn; Tutzinger Hof,; Ludwigshöhe,* mit Saal *Ludwigshalle; Starnberger Alm.* — *Unterbräu; Staltacher Hof; Weinrest. Ratsstübel; See-Rest. Starnberg.* — *Café-Rest. Undosabad,* am See, Garten), schön gelegenes Städtchen (ca. 4500 Einw.) am Nordende des Sees, als Sommerfrische sehr stark besucht. Altes *Schloß,* hübsche *Pfarrkirche* (18. Jahrh.). Sehenswertes *Gaumuseum.*

Der *Starnberger oder Würm-See (584 m), 21 km lang, 2—5 km breit, von bewaldeten Hügeln umrahmt, südl. im Hintergrund herrliches Gebirgspanorama von der Zugspitze bis zum Wendelstein. Dampfschiffe im Anschluß an die Züge; Umfahrt 2—2¾ St.

Die Bahn führt am Westufer des Sees südl. über (32,7 km) **Possenhofen** (*Gasth. Possenhofen* [Zum Fischmeister], 40 Z. v. 3 ℳ an, P. v. 7 ℳ an, mit Restaur. u. Garten. — *Fischer am See,* Café-Rest.) mit dem Schloß des verstorbenen Herzogs Karl Theodor, aus dem Jahre 1536 stammend. Im See, südöstl. von Possenhofen, die entzückende *Roseninsel,* von König Ludwig II. oft besucht und bevorzugt, Privatbesitz. — Südl. von Possenhofen (35 km) Station **Feldafing**, 650 m (*H. Pens. Kaiserin Elisabeth,* Tutzingerstr. 41, 90 Z. mit 120 B. v. 4—7 ℳ, F. 1½, M. 4, A. 3, P. 7½—14 ℳ, Rest., Café, gr. Terrasse mit schöner Aussicht, Bäder, flW., Zh., Ah., vornehm; *H. Pens. Neu Schwanstein,* 39 Z., schöne Lage, eigene Schlächterei; *Gasth. Eisenbahn,* 10 Z. mit 18 B. v. 1½ bis 2 ℳ, F. 0,70, M. 1, A. 0,80, P. 4½—5 ℳ, Rest., Café, Garten, Bad, gzj., bürgerlich; *Gasth. Weißes Rößl; Kurhaus Feldafing* mit *Sanat. Dr. Brendel,* 30 Z. mit 40 B., Rest., Garten, Bad, Zh.), hochgelegene, beliebte Sommerfrische. Prachtvolle, von Max. II. errichtete Parkanlagen ziehen hinab bis zum See. Südl. dehnen sich die Parkanlagen bis (3 km) *Garatshausen* mit Schloß der Fürsten von Thurn und Taxis. (39,5 km) Stat. **Tutzing**, der zweitgrößte Ort am See. (Abzweigung der Bahn nach Kochel.) (*Simsons Bahn H.,* 85 Z. mit 120 B. v. 2½ ℳ an, F. 1,20, P. v. 7 ℳ an, Parkanlagen, schöne Aussicht, Garten, Bad, Ah.; *H. See-*

hof, dicht am See u. der Dst., 27 Z. mit 95 B.; v. 2½—5 ℳ, F. 1,30, M 2½—3½,, A. 2½, P. 6½—9 ℳ, Rest., Café, Garten, gr. Terrasse mit schöner Aussicht, Bäder, Ah., gzj.; *König Ludwig*, im Dorf, 20 Z., Bad; *Bernrieder Hof*, 10 Z. mit 20 B. v. 2—2½ ℳ, F. 1, M. od. A. 1½—2 ℳ, P. v. 6½ ℳ an, Rest., Café, Garten, Bad, Ah., gzj.; *Tutzinger Hof*. — *Bräustübl*. — *Café* u. *Konditorei Dreher*.) Besuchte Sommerfrische mit 2800 Einw. Hallbergersches *Schloß* (die schönen Parkanlagen sind unzugänglich), und am See Villa des † Dichters Georg Ebers. Neue *Theaterhalle* für 1000 Personen. Weiterhin folgt die Bahn noch eine Zeitlang dem Ufer des Starnberger Sees, prachtvolle Blicke auf diesen und auf das Gebirge gewährend (*l.* das Wettersteingebirge mit der Zugspitze), und wendet sich dann nach Westen. Sie erreicht über *Diemendorf* und *Wilzhofen* (54 km) Stat. **Weilheim**, 564 m; Einmündung der Bahnen Augsburg—Geltendorf—Ammersee und Schongau—Peissenberg (*H. Bräuwastl*, 5 Min. v. Bhf., 21 Z. mit 27 B. v. 1,80—2½ ℳ, F. ½, M. od. A. 0,80—1,20 ℳ, Rest., Bad, Zh., Ah., gzj., gelobt; *Gasth. Post*, gelobt; *Gattinger; Obermaier; Allgäuerhof*. — *Bahnrest*.), hübsches Städtchen an der *Ammer*; 6200 Einw. In der Stadtpfarrkirche gutes Altarbild von *Martin Knoller*. Städtisches Altertumsmuseum. Straße westl. nach (11 km) **Wessobrunn** (701 m), mit Benediktinerkloster, wo das jetzt in der Münchner Staatsbibliothek aufbewahrte „Wessobrunner Gebet", das älteste deutsche Sprachdenkmal, aufgefunden wurde.

Zum ✱ **Hohen Peißenberg**, 998 m, 15 km Bahnfahrt bis Stat. *Hohen-Peißenberg*, von da in ¾ St. Aufstieg zur Kuppe (*Kurheim Dr. Unger Hubertus Hof;* 10 Z. mit 15 B., P. 8—10 ℳ, Gart n, Bäd r, gzj. *Zum Bayer. Rigi*, 14 Z. mit 25 B. v. 1—3 ℳ, P. v. 6½ ℳ an, Rest., Gart n, gzj.). Wallfahrtskirche (Aussicht von der Dachplattform), Wetterstation. Umfassende Aussicht der Alpenkette vom Allgäu bis Reichenhall.

Die Bahn zieht im *Ammertal* südwärts an (r.) Hohen Peißenberg vorbei, über (57 km) *Polling* (in der zum ehem. Kloster gehörigen schönen Renaissancekirche [ca. 1540 erbaut] ein aus dem 8. Jahrh. stammendes Kreuz mit byzantinischem Christusbild), (62 km) *Huglfing*, (70 km) *Uffing*, r. entzückender Ausblick auf den *Staffelsee* mit Seehausen (Schloß Rieden) und die Nordausläufer des Hochgebirges. Dann (75 km) Station *Murnau* (*Bahnhofs-H.* u. *Rest.*; *H. Pens. Schönblick*, Bahnhofstr. 85a, schöne Lage, 12 Z. mit 22 B. v. 2—3½ ℳ, F. 1,20, M. 2—3, A. 1½—2, P. 6—7½ ℳ, Rest., Café, Garten, Bäder, gzj.) am südöstl. Ende des Staffelsees und 43 m höher als dieser gelegen. — Der Markt Murnau, 2600 Einw., beliebte Sommerfrische, 'Bad und Höhenkurort' (692 m); *Post*, 22 Z. mit 40 B., Rest., Bad, Garten; *Angerbräu*, 25 Z., Garten; *Gasth. u. Brauerei Pantl*, 14 Z. mit 27 B., Garten, Ah.; *Zacherlbräu*, 12 Z.; *Griesbräu; Gasth. u. Pens. Hofner* (vorm. *Maurer*), Pfarrstr. 176,

14 Z. mit 22 B. v. 2—3 ℳ, F. 1, M. 1½—2, A. 1—1½, P. 5—7 ℳ, Rest., Café, Garten, Veranda, Bäder, Ah., gzj.; *Haller; Balletshofer; Kirchmeier*, 8 Z., gut. — Weißbierbrauerei von *Karg*; *Rest. Joh. Andrä.* — *Café* und *Konditorei Maier*; *Café Steiner*, schöne Aussicht), liegt 10 Min. vom Bahnhof entfernt. Die Häuser (besonders in der Hauptstraße) des Marktes zeigen — unter dem Einfluß des berühmten 1920 † Architekten E. v. Seidl — farbenfreudige Fassaden und Inschriften im Biedermeierstil. Hochgelegene Pfarrkirche mit Bildern und Fresken von J. M. Wittmer und schönem Deckengemälde von Prof. Kolmsperger (das Jüngste Gericht).

Der **Staffelsee** (650 m), 4 km lang, fast 3 km breit, bis zu 35 m tief, zeigt im S. und O. an seinen Ufern bewaldete Hügel, im N. und W. flaches Land. Der See enthält sieben Inseln, von welchen die größte *Wörth* (Privatbes.) heißt und ein schon im 9. Jahrh. genanntes Kirchlein mit Fresken trägt. Am See, 5 Min. v. Bhf. Murnau, **Strand-H. Staffelsee**, 52 Z. mit 80 B. v. 3—5 ℳ, F. 1,40, M. 2—3, A. 1½—2½, P. 6½ bis 8½, Rest., Café, Garten, Bäder (Stahlbad u. alle mediz. Bäder), flW., Zh., Ah., gzj., gut; *Gasthof Seerose*, Garten, empfohlen. — *Strand-Café.* — Neu erbautes Strandbad am See, der unter allen oberbayerischen Seen das mildeste Badewasser hat.

Von **Murnau elektrische Lokalbahn**, 23,5 km lang, nach **Oberammergau**. Diese Bahn zweigt vom Bahnhofe Murnau *l*. ab, wendet sich, den Staffelsee *r.* lassend, in westl. Richtung zur (4 km) H.-St. *Seeleiten-Berggeist.* Tief unten das Loisachtal; überragt vom Wettersteingebirge (Dreitorspitze, Schachen). Am Berghang entlang, nach (6 km) *Grafenaschau* (Bahnrestaur.); der Ort liegt 2½ km südl. sehr malerisch am Fuße des *Aufacker*. Von der Station aus prachtvolles Alpenpanorama. Weiter durch Wald auf 14 m hohem Damm nach (10 km) H.-St. *Jägerhaus.* Das Jägerhaus (verfallen) liegt hoch oben auf einem Bergvorsprung. Hierauf steigend am Bergrücken entlang — tief unten das Lindachtal — nach (12 km) Stat. **Kohlgrub** (*Zum schwarzen Adler*, einfach; *Post.* — *Pens. Holland*. — *Bahnhof-Rest.*, 2 Z. v. 1½ ℳ, P. v. 5 ℳ an, gr. Garten, Veranda), schön gelegenes Pfarrdorf mit hübscher, abwechslungsreicher Umgebung am Fuße des *Hörnle* (1548 m). Von hier aus in starker Steigung auf hohem Damm und in tiefen Einschnitten zur (13 km) Hst. **Bad Kohlgrub** (860 m) *Kurhaus* mit *Haus Bellevue*, 200 Z. mit 400 B., P. v. 5 ℳ an, Zh., Ah., gut; *H.-Pens. Lindenschlößchen*, 30 Z. mit 40 B. v. 2 ℳ an, F. 1, M. 2, A. 1½, P. 5—8 ℳ, Rest., Café, schöner Park, Bäder, Zh., gzj. — *Bayer. Hof*; *Pens. Stempfl*, 12 Z., P. 5—6 ℳ, Café, Garten, Veranda, Bäder, Zh., gzj.), höchstgelegenes Mineralbad Deutschlands; schöne Kuranlagen; Wintersport. In der Umgebung prächtige Fernsichten, so von der *Olgahöhe* beim Lindenschlößchen. Von Bad Kohlgrub aus wird das *Hörnle*, 1548 m, mühelos in 1½—2 St. über das *Vordere Hörnle* (1484 m; *Hörnlehütte* der AVS. Starnberg, 1390 m) und das *Mittlere Hörnle* bestiegen. Von der *Hinteren Hörnlespitze* herrlicher Ausblick auf Zugspitze, bayer. Hochebene bis München, mehrere Seen usw. Gute Rodelbahn, besuchtes Schigelände. Abstieg nach Unterammergau. Übergang zum (2 St.) *Aufacker.* — Die Ammergauer Bahn führt weiter nach 14 km *Saulgrub*, 875 m (**Post**); in der Nähe der sehenswerte Ammerzwang *Scheibum*, inmitten eines Felsentheaters. Dann südwärts über *Altenau* und *Unterammergau* (Aufstieg in 1½—2 St. zum Hörnle [s. oben], in 2 St. zu

Ohlstadt. — Eschenlohe. — Oberau.

den prachtvoll gelegenen *Pürschlinghäusern* der AVS. Bergland u. dem *Pürschling* 1566 m) nach Oberammergau.

Von Murnau geht die Bahn, schöne Blicke auf das Loisachtal und das Gebirge bietend, hinab nach (78 km) *Hechendorf* (622 m), weiter nach (81 km) **Ohlstadt** (635 m, *Bahnrest.*, 20 B. — Im Ort, ¼ St. östl.: *Post; Zu den drei Linden,* — Führer). Von hier wird in 3 St. der **Heimgarten,* 1790 m, bestiegen; lohnende Aussicht. — Bez. Weg in 3½ St. über die Kaseralm zum **Herzogstand;* herrliche Rundschau (s. S. 60).

Die Bahn geht beim Hangenden Stein — *r.* das *Murnauer Moos, l.* der *Heimgarten* — wieder über die Loisach nach (85,4 km) **Eschenlohe** (639 m; *Altwirt,* neben der Kirche, 20 Z. mit 40 B. v. 1½—2 ℳ, F. 0,80—1, M. 1—2½, A. 0,80—2, P. v. 5 ℳ an [von Mitte August ab 4½ ℳ], Rest., Garten, Bad, gzj.; *Brückenwirt.* — *Haus Waldfried,* 9 Z. mit 12 B. v. 1,80—3 ℳ, F. 0,25—0,70 ℳ, Garten, gzj. — *Bahnhof-Rest.,* auch Z.). Von hier in 5 St. auf den **Krottenkopf,* 2085 m (s. S. 37).

Es folgt (92 km) **Oberau** (660 m; *Gasth. z. Post* mit *Bahnrest.,* am Bhf., 20 Z., Bad, Garten; *Gasth.* **Untermberg,** am Wald, 10 Min. v. Bhf., gut. — *Weinstube u. Café Cornet),* mit kleiner, schöner Basilika.

KP. Oberau—Oberammergau 12 km in ¾ St. (bis Ettal 6 km in ½ St.). *Stellwagen* Oberammergau—Linderhof 12 km in 1¾ St.

Von **Oberau** nach **Oberammergau** führt die Straße westl. am *Gasthof Untermberg* vorüber zum Fuß des Gebirges, steigt am Hang der malerischen *Gießenbachschlucht,* durch die in der Tiefe die alte Straße (nur von Fußgängern benutzt) führt. Am oberen Ende der Schlucht der Rücken des *Ettaler Berges* als Abschluß, welchen die neue Straße umzieht, während die alte über ihn hinwegführt. In 1 St. erreicht man **Kloster Ettal** (877 m; *Kloster-Gasthof,* 30 Z. mit 60 B., Rest. Bräustübl, Garten, Bad, auch Massenquartier, eigene Metzgerei; *Gasth. z. Post,* 12 Z. mit 22 B., Rest., Café, Bad, Zh.), 1330 von Ludwig dem Bayer gegründet, 1803 aufgehoben, 1844 durch Brand zerstört und wieder aufgebaut, seit 1900 wieder im Besitze des Benediktinerordens. Gymnasium und Erziehungsinstitut für Knaben. Sehenswerte, im Barockstil erbaute Kirche mit Fresken von Knoller, berühmter Orgel und weißem Marienbild. — Auf das *Ettaler Manndl* (1633 m) 2½—3 St., nur für Geübte; weiter in ¾ St. zum *Laberjoch,* 1683 m, mit der *Starnberger Hütte* (Sommerwirtschaft, 6 Z. mit 8 B., 8 Matratzen). Abstieg nach Oberammergau. — Auf die (3 St.) *Notkarspitze* (1889 m) über die Notalpe (1394 m) in 3 St.; künstlerisches Bergkreuz, umfassende Aussicht. Abstieg über das Hasenjöchl—Reschbergwiesen und den Pflegersee nach (3½ St.) Garmisch (s. S. 26).

¼ St. hinter Ettal Straßenteilung: *l.* durch das Graswangtal nach (2½ St.) **Linderhof** (s. S. 45), *r.* in ¾—1 St. nach **Oberammergau**.

Die Bahn führt von Oberau weiter über (96 km) *Farchant,* einfache Sommerfrische, (*l.* die *Kuhflucht,* schöner Wasserfall [s. S. 33]) und erreicht bald den schönen Talkessel von Garmisch. 100 km Station **Garmisch-Partenkirchen.** Der *Bahnhof,* 708 m, liegt in der Mitte zwischen beiden Orten.

Garmisch und Partenkirchen.

Plan von Garmisch-Partenkirchen vor dem Text.

Die Gegend von Garmisch und Partenkirchen, sowie diejenige von Mittenwald, „Werdenfelser Land" genannt, gehört unstreitig zu den schönsten Landschaften des bayerischen Hochlandes. Um den lieblichen, weiten, mit braunen Hütten (Heustadeln) übersäten grünen Kessel ragen über den mit Laub- und Nadelholz bestandenen Vorhöhen im Süden die aus Wettersteinkalk geschichteten, zerzackten, grauweiß schimmernden Mauern des *Wettersteingebirges*, der höchsten Gebirgsgruppe des Deutschen Reiches, auf. Ergänzt wird das Bergpanorama, das sich vom gemeinsamen Bahnhof Garmischs und Partenkirchens bietet, im Südwesten durch den *Daniel* (Upsberg), 2342 m, dessen geneigt erscheinendes Horn in der Gegend als Wetterprophet gilt, im Westen durch den *Kramer*, 1982 m, der sich massig über Garmisch erhebt, im Osten durch den *Roßwank*, 1780 m, an dessen Fuß sich südl. Partenkirchen mit seinen hochliegenden Villen und Kurhäusern schmiegt. Vom Wettersteingebirge selbst übersieht man in von Osten nach Westen ziehender imposanter Kette: *Wettersteinwand*, 2483 m, *Dreitorspitze*, 2633 m, *Reintalerschrofen*, 2675 und 2524 m, *Hochwanner*, 2747 m, *Alpspitze*, 2620 m, *Hochblassen*, 2706 m, *Höllentalspitzen*, 2722—2746 m, *Großer* und *Kleiner Waxenstein*, 2279 und 2163 m, *Zugspitze*, 2964 m. An deren Nordhang, zwischen Waxenstein und Höllentalspitzen, erscheint der *Höllentalferner*. In der Lücke zwischen Wank und Wetterstein erblickt man im Osten das dem Karwendel nördl. vorgelagerte *Soierngebirge*. Der Hauptfluß des Gebietes ist die *Loisach*, die jenseit der Zugspitze in der Nähe von Lermoos in Tirol entspringt. Von Garmisch, das sie durchströmt, wendet sie sich nördl. durch das verengte Tal gegen Murnau, um dann ostwärts, später wieder nordwärts, nach Wolfratshausen abzufließen, wo sie sich mit der aus dem Karwendel kommenden Isar vereinigt. Aus dem innersten Wetterstein, vom Fuße der Zugspitze, strömt von Süden her, zum Teil durch enge felsige Schluchten (Klammen) die wilde *Partnach* der Loisach zu.

Die Volkstracht ist wieder in Aufnahme gekommen und gewissermaßen typisch für große Teile des bayerischen Hochlandes geworden: Bei den Männern hellgraue Joppe, grüner Hut mit Adlerflaum oder Spielhahnfeder, kurze Lederhose mit gestickten Trägern über dem weißen Hemd. Die Mädchen tragen an Sonn- und Feiertagen wie beim Tanz den keck aufgebogenen grünen Hut mit Adlerflaum, das dunkle Mieder mit reichem Silberschmuck (Geschnür), das seidene, buntblumige und langfransige Halstuch um die Brust gezogen und eine farbige seidene Schürze mit langen Bändern. Vielfach sieht man noch Frauen beim Kirchgang mit der Otterfellhaube.

Das Klima in Garmisch-Partenkirchen ist vorzüglich. In den Sommermonaten zeichnen sich die Orte wegen der Nähe des Hochgebirges durch eine angenehme Frische aus, während im Winter der intensive Sonnenschein und — dies trifft in besonderem Maße bei Partenkirchen zu — die gegen rauhe Winde geschützte Lage eine milde Durchschnittstemperatur zur Folge haben. Nicht selten kann man in den allenthalben auf den umliegenden Höhen verstreuten Gaststätten auch mitten im Winter im Freien sein Mittagsmahl einnehmen. — Bei der großartigen Bergwelt des Werdenfelser Landes braucht nicht besonders betont zu werden, daß Garmisch und Partenkirchen *Touristenstationen ersten Ranges* sind, nicht allein für Touren im umgebenden Gebirge, sondern auch unter Benutzung der nach Ost und West über die Grenze führenden Bahnen als Stützpunkt für Bergausflüge in die benachbarten Tiroler Berge. Die Gasthöfe haben fast ausnahmslos Zentralheizung, Balkons und Terrassen. Wenig beliebt ist der *Föhn*, der im Winter oft zu stärkstem Sturm anwächst, den Schnee wegleckt und die Schlittenbahn verdirbt. Doch bald trocknet das Gelände unter der Kraft der Sonnenbestrahlung, und an den Hängen von St. Anton in den Riedanlagen wie hinter dem Kainzenbad kann man zwischen Weihnachten und Ostern Frühlingsblumen pflücken, während drüben von den Wänden des Wettersteins, im Rain- und Höllental die Lawinen donnend zu Tal stürzen.

Seit der Vereinigung der Kurorte Garmisch und Partenkirchen unter einer Kurverwaltung, hat mit Unterstützung lokaler Vereinigungen die Pflege jeder Art von Sport eine große und erfolgreiche Entwickelung genommen: Pferdesport in Reit- und Fahrturnieren sowie Springkonkurrenzen im Sommer, Trabrennen und Skiköring im Winter, ferner Skirennen, Tontauben- und Eisschießen,

Tennisspiel, Luftfahrten. Dem Wintersport dienen, außer mehreren bestens gepflegten Rodel- und Eisbahnen, eine mit Bobaufzug versehene Bobschlittenbahn und drei erstklassige Ski-Sprunghügel. Auf der 1925 eröffneten Kochelberg-Sprungschanze ist die europäische Rekordleistung eines gestandenen Sprungs von 58 m erreicht worden. Skikurse werden abgehalten.

Die rührige Sektion Garmisch-Partenkirchen des Deutschen und Österr. Alpenvereins hat das *Adolf-Zöppritz-Haus* am Kreuzeck, das *Alois-Huber-Haus* (*Wankhaus*) auf dem Roßwank, sowie die *Oberreintalhütte* erbaut und die Erschließungsarbeiten der *Höllentalklamm* und der *Partnachklamm* durchgeführt, während im übrigen mit Ausnahme des Oberreintales das Wettersteingebirge auf bayerischer Seite Arbeitsgebiet der AV.-Sektion München ist (Wege und Markierungen, *Höllentalhütte*, *Münchner Haus* auf der Zugspitze, *Knorrhütte*, *Angerhütte*). Nur noch an Dreitorspitzgatterl ist dies Privileg durchbrochen: da steht die *Meilerhütte* der AV.-Sektion Bayerland-München. Unterhalb des österreichischen Schneekars, zwischen Eibsee bzw. Ehrwald und der Zugspitze, liegt die *Hütte* der Sektion *Wiener-Neustadt* des Österr. Touristen-Clubs. An Hochgebirgsunterkunftstätten kommt im Wetterstein noch in Betracht das *Haus am Schachen*.

Näheres über *Führer* und *Führertaxen* in den Gasthöfen und Auskunftsbüros beider Orte, sowie in der Geschäftsstelle der Kurverwaltung im Bahnhof.

Garmisch.

Der **Bahnhof** liegt zwischen beiden Orten. *Kofferträger-Institut* am Bahnhof. Gepäck-Abholung und Zustellung. Fernsprecher in Garmisch 480 u. in Partenkirchen 177.

Hotels. Ersten Ranges: ***Parkhotel Alpenhof***, 10 Min. vom Bahnhof, 120 B. v. 5 ℳ an, F. 1,80, P. v. 10 ℳ an, Café, Konditorei, Garten, Bäder, flW., Zh., PA., Ah., moderner Komfort; ***Bahnhofs-Hotel u. Blaues Haus***, am neuen Bahnhof Garmisch-Partenkirchen, 67 Z. mit 100 B. v. 3—5 ℳ, F. 1½, M. od. A. 2½—3½, P. 9—10 ℳ, gr., schönes Rest., Café, gr. Garten, Bäder, flW., Zh., PA., Ah., gzj., moderner Komfort; ***H. Neu-Werdenfels***, 120 B. v. 3½—5 ℳ, F. 1½, P. v. 8 ℳ an, Terrassen-Rest., Bäder, flW., Zh., PA., Ah., geöffnet 15. Dez.—1. Nov., empfehlenswert; ***H. Wittelsbach***, an der Brücke, 60 B., P. v. 11 ℳ an, Bäder, flW., Zh., Ah.; ***Post H.***, mit *Kurhaus-Restaurant*, Marktplatz, Bad, Garten mit Kahlbaumdiele, empfohlen.

Gut bürgerliche Häuser: ***H. Husar***, mit *Nebenhaus*, Fürstenstraße 230, 60 Z. mit 90 B., Rest., Garten, Tennis, Bäder, flW. Zh., gzj.; ***H.-Rest. Drei Mohren***, 50 Z. mit 100 B., Weindiele, Café, Bäder,

Zh., schöne Aussicht; *H. u. Pens. Garmischer Hof*, Neue Bahnhofstr., 35 B. v. 3 ℳ an, F. 1,40, P. v. 7½ ℳ an, Bad, Zh., Ah., schöne Aussicht; *H. Kainzenfranz*, mit Nebenhaus, Vorgarten, Zh., Wagen am Bhf. viel besucht; *H. Marktplatz*, Rest., Café, Künstlerkonzert, gute Küche, empfohlen.

Für einfache Ansprüche: *Lamm*, 30 Z. mit Konzertsaal; *H. Wetterstein; H. Stuttgarter Hof*, Passanten- und Touristenhaus, nahe dem Markt, Saal des Bauerntheaters; *H.-Pens. Ohlsenhof*, Brugstraße 1, 3 Min. v. Bhf., 24 Z. mit 30 B. v. 2—4 ℳ, F. 1,20, M. 2, A. 2½, P. 6—9 ℳ, Garten, Bäder, gzj., schöne Aussicht; *Gasth. Schranne*, nahe Markt, einfach; *Gasth. zur Blauen Traube*.

Außerhalb von Garmisch: *H. Rissersee*, ½ St., 80 m über Garmisch, Haltestelle der Bahn nach Reutte, am Wald und Rissersee, 200 B. v. 4 ℳ an, F. 1½, P. v. 12 ℳ an, Rest., Garten, Bäder (auch Seebäder), flW., Zh., PA., Ah., gut besuchter Wintersportplatz; *G. H. Sonnenbichl*, Burgstr., 20 Min. vom Orte, in schöner Lage am Wald, 150 Z. mit 220 B. v. 3—8 ℳ, F. 1,80, M. 4—4½, A. 3½—4, P. 9—15 ℳ, Rest., Café, Garten, Bäder, Zh., PA., Ah., gzj., besonderes Touristenhaus, komfortabel; beide zu längerem Aufenthalt empfohlen.

Pensionen: *Roseneck*, Partnachstr., nahe dem Bahnhof, 16 Z. mit 22 B., P. v. 8 ℳ an, Garten, Bad, für Erholungsbedürftige; *Fürstenhof*, Fürstenstr. 116, 17 Z. mit 30 B. v. 3—6 ℳ, F. 1½, M. 3½, A. 3, P. 8—10 ℳ, gr. Park, Bäder, Zh., gzj.; *Astoria*, Neue Bahnhofstr.; *Nirvana*, Partnachstr. 1, 10 Z. mit 15 B. v. 2,80—5 ℳ, F. 1,20, M. 3, A. 2, P. 7—9 ℳ, Garten, Bäder, Zh., gzj.; *Haus Waldfrieden*, Thomas-Knorrstraße 245/9, Bad, flW., Ah.; *Pens. Fridolin*, Höllentalstr., 6 Z., Bad, Garten; *Pens. Kohlhardt*, Sonnenstr. 152, 2 Min. v. Kurhaus, 30 Z. mit 50 B. v. 2—4 ℳ, F. 1½, M. 2½, A. 2,20, P. 7½—9 ℳ, gr. Garten, Bäder, gzj., ruhige Lage, schöne Aussicht; *Abbazia*, Höllentalstr.; *Baltia*, Bahnhofstr., Garten; *Clementine*, Höllentalstr., 7 Z.; *Walter*, Loisachstr.; *Hofgarten*, Alpspitzstr.; *Erdmann*, Höllentalstr.; *Förtsch*, Fürstenstr.; *Logierstätte im bunten Haus*; *Almenrausch u. Edelweiß*, Kreuzstr.; *Maria Augusta*, Parkstr. 274, 8 Z. mit 10 B., P. v. 6½—7 ℳ, Garten, Bäder, Zh., gzj., ruhige Lage; *Pens. Hausberg*; *Lindenhof*; *Schöneck*, Höllentalstr. 54, 15 Z. mit 25 B. v. 3½—4½ ℳ, F. 1,20 M. 2½—3½, A. 1½—3, P. 8—10 ℳ, Garten, Bäder, Zh., gzj.; *Bayerischer Hof*, Sonnenstr. 168, 15 Z. mit 26 B. v. 2—3½ ℳ, F. 1,20, M. od. A. v. 1 ℳ an, P. 6—8½ ℳ, Garten, Bäder, Zh., Ah., gzj., u. v. a.; Auskunft erteilt die Kurverwaltung. — *Kinderheim* von *Dr. Graf de la Rosée* u. *Dr. Neu*, Höllentalstr.

Privatwohnungen in großer Auswahl; Auskunft im Wohnungsnachweisbüro, s. u.

Kurhaus am Marktplatz; elegante Räume, Lesesaal und Gesellschaftszimmer; Restaurant, Café, Konditorei, Badeanstalt, Volks- und Leihbibliothek.

Restaurants u. Cafés: *Kurhaus Garmisch*, Marktplatz, Café, Kondit., Weinstube; *Konditorei* und *Café Bauer*; *Café Marktplatz*; *Konditorei Schönbichler*; *Alpenhof*; *Café Dreitorspitz*, Bahnhofstr.; *Café Loisachbrücke*; *Schokoladenstube Mauxion*. — Außerhalb v. Garmisch: *Almhütte*, auf der Kramervorhöhe; *Rissersee*; *Aulealm*, a. d. Ries; *St. Martin*, auf dem Grasberg (1030 m), 1 St. von Garmisch entfernt.

Bier in allen Restaurants u. Cafés, besonders gut im *Bräustübl Garmisch*, eig. Schlächterei.

Wohnungsnachweisbüro des Verkehrs- und Wintersportvereins am Marktplatz.

Hauptpost am Bahnhof, *Nebenpostamt* am Marktplatz.

Bäder im Kurhaus südl. tägl.; Sonntags v. 8—11 Uhr.

Banken: Hauptfiliale der *Bayr. Vereinsbank*; Filiale der *Bayr. Hypotheken-* u. *Wechselbank*; *Pauli-Bank*.
Theater: *Kurtheater* und *Lichtspiele* an der neuen Bahnhofstraße; *Bauerntheater* im Gasth. Lamm.
Kurabgabe: täglich 20 Pf. bis zum Höchstsatze von 6 ℳ.
Kurmusik: 3mal wöchentl. 6½ Uhr abends im *Kurhausgarten*.
KP. nach *Oberau-Ettal-***Oberammergau**, 21 km in 1¼ St. Über *Griesen*, *Lermoos*, *Fernpaß* nach **Landeck** (mit Anschluß nach *Schuls-Tarasp* und *St. Moritz*) 76 km in 4³/₄ St.
Kraftomnibus zum *Badersee* und *Eibsee* 2mal tägl. **Miet-Auto** auf Bestellung beim amtl. Reisebüro i. d. bayer. Autohalle, 1 Min. nördl. vom Bahnhof.
Stellwagen zur *Höllentalklamm* (Hammersbach), *Partnachklamm*, zum *Bader-* u. *Eibsee*; ferner nach *Ettal—Linderhof*.
D. Ö. A. V. Sektion Garmisch-Partenkirchen. Geschäftsstelle im Bahnhof nördl.; werktags 4—6 Uhr.
Bergführer: Namen-Verzeichnis im kleinen Prospekt von Garmisch-Partenkirchen.

Garmisch (700 m), ein wohlhabender Ort mit malerischen alten Häusern und 4400 Einw., liegt in der Mitte des idyllisch schönen Loisachtales. Es ist eine der besuchtesten Sommerfrischen, Touristenstandorte und Wintersportplätze Bayerns.

Die Grundlagen der Wohlhabenheit der Bevölkerung in vergangenen Zeiten bildete der ausgedehnte Märkerbesitz an Weiden, Almen und Bergwaldungen, mit umfangreicher Rinder- und Pferdezucht. Vom XV. Jahrhundert an wurde Bergbau und Floßfahrt (nasse Rott) betrieben.

Am großen Marktplatz (mit herrlichem Rundblick auf das Gebirge) das *Kurhaus*; während der Sommer- und Wintersaison Konzerte. Auf der gegenüber liegenden Seite die große, mit dem Vermögen der Marienkirche aus Steinen der Burg Werdenfels 1730 erbaute *Hauptkirche*, Barockbau, schöne Kanzel. An der Nordseite des Ortes, am l. Loisachufer, steht noch die alte, um 600 errichtete gotische *Marienkirche*, einst ein romanischer Bau und Mutter sämtlicher Kirchen der Grafschaft Werdenfels; 1260—70 wurde sie erneuert mit schönem gotischen Chor. Wertvolle ausgedehnte Wandgemälde aus dem XV. Jahrhundert wurden vor wenigen Jahren freigelegt. Die im ersten Viertel des XIII. Jahrhunderts erbaute *Burg Werdenfels*, ½ St. unter dem Ort gelegen, wurde von 1300 ab namengebend für die Umgebung. Die Könige Ludwig I., Max II. und Ludwig II. bedienten sich auf Auslandsreisen des Titels „Graf von Werdenfels". Die *Apotheke* ist ein stilvoller Empirebau. Gegenüber das neue *Kriegerdenkmal* mit krönender Maria, der Schutzgöttin Bayerns. Zahlreiche Villen liegen zwischen den Bauernhäusern in ländlich malerischer Unregelmäßigkeit unter Obstbäumen zerstreut. Bei der oberen Brücke Landsitz des Komponisten *Rich. Strauß*. An der Ostseite, an der Mündung der Partnach in die Loisach, befinden sich die hübschen Anlagen des *Wittelsbacher Parkes*. Das Gebirgspanorama ist, von hier gesehen, womöglich noch großartiger als vom Bahnhof und von Partenkirchen. Da treten r. von der *Alpspitze*, 2628 m, unter den *Höllentalspitzen*, die oft bläulich schimmernden Eisklüfte des *Höllentalferners*, sowie l. von der *Zugspitze*, 2964 m, die *Riffelwände* und die *Waxensteine* besonders hervor. Nördl. vom *Kramer* sieht man die *Not* und das *Ettaler Manndl*, 1633 m. Im Osten lugt hinter dem *Roßwank* der *Fricken* hervor, der zur *Krottenkopfgruppe* (Esterngebirge) zählt.

Partenkirchen.

Bahnhof siehe unter Garmisch Seite 26.

Hotels. Ersten Ranges: **Jeschke's H. u. Kurhof**, Alte Mittenwalderstr., auf einer Anhöhe, 80 Z. mit 120 B. v. 4 ℳ an, F. 1½, M. 4, A. 5, P. v. 12½ ℳ an, Rest., Café, Garten, Terrasse mit wundervoller Aussicht, Bäder, Zh., PA., gzj., vornehm; **H. Haus Gibson**, Alte Mittenwalderstr., 70 Z. mit 90 B. v. 4 ℳ an, F. 1,80, M. 3, A. 4, P. v. 9 ℳ an, gr. Park, Bäder, flW., Zh., Ah.; **H. Schönblick**, Neue Mittenwalderstr., im gleichen Besitz wie H. Haus Gibson, 55 Z. mit 70 B. v. 4 ℳ an, F. 1,80, M. 3, A. 4, P. v. 9 ℳ an, gr. Park, Bäder, Zh., PA., Ah., vornehm; **H. Partenkirchner Hof**, Neue Bahnhofstr. 129b, am Bhf., 50 Z. mit 80 B. v. 4—6 ℳ, F. 1,80, M. 4½, A. 4, P. v. 10 ℳ an, Rest., Café, Garten, Bäder, flW., Zh., Ah., gzj.; **Kur-H. Grünwald** (vorm. *Kurh. Kainzenbad*), südöstl. vor dem Ort, hochgelegen, 100 Z. mit 150 B. v. 3—7 ℳ, F. 1½, M. 3½, A. 4, P. 8—13 ℳ, Rest., Café, gr. Park, gr., gedeckte Liegebalkons, Bäder, flW., Zh., PA., Ah., gzj.

Gut bürgerliche Häuser: **Steiners Post-H. u. Park-Villa**, Ludwigstr., 70 B. v. 2—3½ ℳ, F. 1½, M. 2—3 ℳ, Rest., Café, Bäder, Zh., Ah., gzj.; **H. Deutscher Hof**, Hindenburgstr. 58a, 50 B. v. 3 ℳ an, F. 1½, P. v. 9 ℳ an, Rest., Café, Zh., Ah.; **Werdenfelser Michl**, am alten Bahnhof; **Gasth. Drei Mohren**, Ludwigstr. 69, mit Depend., 42 Z. mit 80 B. v. 2—3 ℳ, F. 1,40, M. 1—1½, A. 1—2, P. 6—7 ℳ, Rest., Café, Garten, Bäder, Zh., Ah., gzj.; **Gasth. u. Rest. Melber**, Ludwigstr., 40 B. v. 2—3 ℳ, F. 1,30, M. v. 1 ℳ an, P. v. 6 ℳ an, Rest., Café, Garten, Bäder, Zh., Ah., gzj., gut; **Werdenfelser Hof**, Ludwigstr. — ¾ St. von Partenkirchen entfernt, am Eingang zur Partnachklamm: **Gasth. Partnachklamm**, Wildenau, 25 Z. mit 35 B. v. 2—3 ℳ, F. 0,80—1,20, M. 2—2½, A. 1½—2, P. 6—8 ℳ, Rest., Café, Terrasse, Bäder, gzj.

Für einfache Ansprüche: **Gasth. zum Rassen**, Ludwigstraße, mit Bauerntheater, 15 Z., Rest.; **Schatten**, Sonnenstr.

Pensionen: *Pens. Tannenberg*, Maxstadtstr., freie Lage, 18 Z. mit 27 B., P. 9—12 ℳ, Garten, Bad, Zh., gzj., vornehm; *Haus Inge*, Wettersteinstr. 130, 14 Z., Garten, Bad, Zh., gzj.; *Pens. Kustermann*, Bahnhofstr.,

24 Z. mit 36 B., P. 8—11 ℳ, Garten, Bäder, Zh., gzj.; *Landhaus Antoniberg*, Antonstr., bei St. Anton, 20 Z., P. 7—12 ℳ, Garten, Bad, gzj.; *Pens. Witting*, Sonnenstr., nächst St. Anton, 30 Z. mit 40 B. v. 3½ bis 5½ ℳ, F. 1½, M. 3, A. 2½, P. 7½—9 ℳ, Garten, Bad, Zh., gzj.; *Erika*, Wettersteinstr., 18 Z., Garten, Bad; *Pens. Victoria*, Wettersteinstr. 126, am Bhf., 20 B., Park,-Bad, Zh.; *Haus am Ried*, Mittenwalderstr. 99, 24 Z. mit 36 B., P. 8—9 ℳ, Bäder, Zh., gzj.; *Oberland*; *Landhaus Diana*, Wettersteinstr.; *Maria Theresia*; *Regina*; *Pischl*, Turmackerstr., 12 Z. mit 18 B. v. 2½—3 ℳ, F. 1½, M. od. A. 2, P. 7½—8½ ℳ, Garten, Bad, flW., Zh., Ah., gzj.; *Haus am Sportplatz*; *Wenzel*; *Wolff*, israelitisch, Hellwegerweg 288a, P. 9½—10 ℳ, Garten, Terrasse, Bäder, gzj.; *Schweizerhaus*; *Helene*, Turmackerstr.; *Irmgard*, Wettersteinstr., 18 Z.; *Reichsadler*, Mittenwalder Str., 10 Z. mit 14 B. v. 2½—3 ℳ, F. 1½, P. 7½—9½ ℳ, gr. Garten, Bäder, Zh., gzj.; *Café-Rest. Berghofer*, Ludwigstr., 18 B. v. 3—3½ ℳ, F. 1½, M. 2—3, P. 7—8 ℳ, Rest., Café, Bäder, Zh., Ah., gzj.; *Birkenhof*; *Kochelberg Café* u. v. a., Auskunft erteilt die Kurverwaltung.

Privatwohnungen zahlreich vorhanden.

Cafés, Konditoreien u. Weinstuben: *Café-Rest. Berghofer*, Ludwigstr.; *Fischer*, Hindenburgstr.; *Park-Café* im Park H. Bellevue; *Café Kiste*, Alte Mittenwalder Str.; *Krätz*, Ludwigstr.; *Rheinland*; *Fürstenhof*; *Partenkirchnerhof*; *Reindl*, St. Anton; *Schönbichler*; *Victoria Luise*, am Sportplatz; *Weinhaus Schneider*, Bahnhofsplatz; *Kneitinger*.

Bauerntheater im Hotel Rassen.

Kino: Kurtheater Garmisch b. d. Partnachbrücke und Stäudels Zentral-Lichtspiele.

P. T. F. *Hauptpost* (postlagernde Sendungen) am Bhf.; *Nebenpostamt* Ludwigstr.

Bäder in den größeren Hotels und im *Kainzenbad* (Schwimmbassin).

Auskunftsbüro der Kur-Verwaltung im Bahnhofshauptgebäude.

Wohnungsbüro im Ort (Haus Nr. 2 Ludwigstraße); daselbst auch öffentliches **Lesezimmer** des Verkehrsvereins; Prospekte, Ortspläne, Karten.

Banken: *Bayr. Vereinsbank*; *Bayr. Hypotheken- u. Wechselbank*.

KP s. Garmisch.

Wagen, Autos nach festgesetzter Taxe wie S. 28, auch Bergpferde.

Kurabgabe wie in Garmisch, s. S. 28.

Apotheke: Ludwigstr. 24.

Ärzte.

Bergführer: Namen-Verzeichnis im Prospekt von Garmisch-Partenkirchen.

Partenkirchen (716 m), Markt mit 4400 Einw., liegt am Fuße des *Roßwank* und ist als Sommerfrische wie als Wintersportplatz sehr besucht. Der Ort zeigt im wesentlichen das Bild eines Villen- und Kurortes. Schöne gotische *kath. Kirche* mit einem Gemälde von Bartolomeo Litterini, Schüler Tizians, Geschenk eines reichen venezianischen Kaufmanns; neue *protest.* und eine *englische Kirche*. Bei der S. Sebastian-Kapelle das neue *Kriegerdenkmal* (sterbender heil. Sebastian) von Prof. Wackerle, einem Sohne Partenkirchens. Sehenswert ist der neue *Friedhof* (nördl.) mit kuppelförmiger Einsegnungshalle. Partenkirchen besitzt eine Realschule mit Latein, ein Töchterheim (Ziegra) für wissenschaftliche und wirtschaftliche Ausbildung, eine Distrikt-Fachschule für Holzschnitzkunst und ein Bezirks-Museum.

Partenkirchen erhielt seinen Namen vom röm. Kastell *Parthanum*, das zum Schutze der Straße von Augusta Vindelicorum (Augsburg) nach Pons Drusi (Bozen) bestand. Reste der ehemaligen Legionenstraße Vildidena (Innsbruck) —Augsburg usw. sind zum Teil unberührt vom späteren Verkehr vor und hinter der Station Klais und ostwärts über die Schmalseehöhe ziehend erhalten. Während des Mittelalters, besonders seit Beginn der Italienfahrten der deutschen Könige, erlangte der mit einem eigenen Gericht begabte Platz als Niederlagsplatz von Handelswaren an der Rottstraße Verona, Ulm, Augsburg, Regensburg, Nürnberg große Bedeutung. Schutzbriefe, Marktprivilegien, Rottordnungen verschiedener deutscher Kaiser von 1300 an. Nach dem Kriege gegen Italien verlor Heinrich der Löwe das Herzogtum Bayern, das 1180 an die Wittelsbacher kam. P. war eine Zeitlang unter Verwaltung des Fürstbistums Freising und kam 1803 endgültig an die Krone Bayern. 1863, 1865 und 1872 wurde der Ort von großen Bränden heimgesucht, wodurch er zum Teil seinen ländlichen Charakter eingebüßt hat.

¼ St. südöstl., an der Straße nach Mittenwald, liegt das ✱**Kainzenbad** (H.-St. der Mittenwalder Bahn), in geschützter, schattiger Lage in unmittelbarer Waldnähe (*Jeschke's H. u. Kurhof* u. *Kur-H. Grünwald* s. S. 29; *Bad-H.* mit Park, Veranden usw. Starke jodhaltige Quelle, Stahlquelle, Moor- und Schwefelbäder, See mit Schwimmbad, Kaltwasserbehandlung, Licht-, Luft- und Sonnenbad; *Kindersanatorium Sonnenheil.* — *Restaur.* auch für Passanten). Das „Bad der Bleichen Jungfrauen", wie K. früher oft genannt wurde, findet schon 1407 Erwähnung, die Quellen dürften aber bereits zur Römerzeit bekannt gewesen sein. Zum K. gehört der wundervoll, 1240 m hoch gelegene, ca. 1½ St. entfernte *Eckbauer* (s. S. 34).

Spaziergänge von Garmisch-Partenkirchen.

Zur Wallfahrtskirche ✱**St. Anton** (763 m), ¼ St. von Partenkirchen. Der gut gehaltene, schattige Weg steigt vom Hölzelweg aus durch die hübschen Anlagen des Verkehrsvereins, zum Denkmal König Ludwig II. hinauf. Herrlicher Aussichtspunkt; *r.* der Kramer mit Garmisch im Vordergrund, *l.* Wettersteinwand, Dreitorspitze, Alpspitze, Waxenstein, Zugspitze, im Hintergrund, über den Eibsee-Thörlen, der Daniel, weiter *r.* die Berge am Plansee. In 5 Min. weiteren Steigens erreicht man die kleine Kirche, ein Kleinod ihrer Art. Sie wurde 1705 von Partenkirchner Bürgern erbaut und enthält u. a. ein Deckengemälde von Hans Holzer und ein Hochaltarbild von Litterini. Rückweg auf dem von Linden beschatteten Stationsweg.

Von St. Anton in 25 Min. zur **Faukenschlucht**, in dieser der Wasserfall des *Faukenbaches* Von hier in $\frac{1}{4}$ St. zum *Café Gamshüttl* und in $\frac{3}{4}$ St. zur *Lukas-Terrasse*, prächtiger Aussichtspunkt. Noch schöner und umfassender ist der Blick von dem 20 Min. darüber liegenden *Kreuzhüttchen* (1080 m). Von der Lukas-Terrasse zurück ($\frac{1}{2}$ St.) durch die *Schalmeischlucht*.

Anlagen in den **Riedhängen** zwischen Partenkirchen und Kainzenbad (s. S. 31). Im *Kainzenbadsee* Gelegenheit zum Baden und zur Schiffahrt.

Ruine **Werdenfels** (788 m), von Garmisch aus $\frac{3}{4}$ St. Der Weg führt am Hotel Sonnenbichl und am *Schmölzer-* oder am *Sonnenbichl-See* (Spiegelbild der Zugspitzgruppe, Bade- und Kahnfahrtgelegenheit) vorbei. Die Burg gehörte im 13. Jahrhundert dem Grafen von Eschenlohe, ging dann samt den Grafschaften Partenkirchen, Garmisch und Mittenwald an das fürstbischöfliche Hochstift Freising über. Die 3 Grafschaften erhielten nun nach der Burg den Gesamtnamen „Werdenfels". Malerisches Tal- und Gebirgsbild. Schöner Waldweg über die Schloßwiesen westl. zum ($\frac{3}{4}$ St.) Pflegersee (s. unten).

Maximilianshöhe, 20 Min. von Garmisch, hübscher Rundblick (5 Min. weiter das Café-Restaurant „Almhütte").

Zum **Pflegersee** (844 m), am Fuße der *Seeleswände*, dem östl. Absturz des Kramer, von Garmisch durch die Burgstraße und *Örtelpromenade* die Fahrstraße hinan in 1 St. Von hier aus zur Ruine Werdenfels (s. oben).

Vom *Sommerkeller*, 10 Min. von Garmisch, Reitweg zur guten Restauration *St. Martin* auf dem **Grasberg** (1030 m). Umfangreiche Rundsicht nach Ost, Süd und West, 1$\frac{1}{4}$ St. Aufstieg zum Kramer s. S. 37.

Der **Kramer-Plateauweg** (ca. 780 m), ein nahezu 6 km langer, horizontal an der Kramerbergleiten sich hinziehender, schattiger Spazierweg, verbindet den *Sonnenbicht-See*

Umgebung von Garmisch-Partenkirchen.

Ausflüge von Garmisch-Partenkirchen. 33

mit dem Café-Restaurant *Almhütte* und führt in westlicher Fortsetzung, mit zahlreichen prächtigen Tal- und Rundblicken, zur Griesener Landstraße, 1½ St. von der Almhütte.

Zur **Kuhflucht** bei Farchant, einer wilden Schlucht mit malerischen Wasserfällen, ¾ St. vom Bahnhof Farchant. 1 St. höher der Quellsprung des Baches und eine 300 m lange schwer gangbare Höhle.

Zum **Rissersee** (785 m), ½ St. von Garmisch (Bahnfahrt s. S. 50). Südöstl. über die Bahn durch die Wiesen; dann auf markiertem Kurweg hinan zu einem bewaldeten Ausläufer der Alpspitze. Oben das 1921/22 neu ausgebaute große **Hotel Rissersee**, Sitz des *Sportklubs Risser-See* (Näheres s. S. 27), von hübschen Anlagen umgeben. Dahinter der schöne, künstlich angelegte *Rissersee* (Bäder, Kahnfahrt, im Winter Eislauf und Eisschießen; auch Auto-Kunst-Spiele). Malerischer Blick gegen Süden auf Waxenstein, Höllentalferner, Alpspitze, die sich in dem klaren Wasser spiegeln. Rissersee ist ein stark besuchter Wintersportplatz mit Rodel- und Bobbahn. Von hier bester Aufstieg zum *Kreuzeck* (s. S. 37). — Vom See ¼ St. südlich auf den *Katzenstein* (880 m) mit herrlicher Aussicht ins Tal. — Vom hinteren Teil des Sees geht in südwestlicher Richtung ein markierter Weg durch das *Auetal* in 15 Min. zur *Aulealm* (*Pens Rest. u. Café*). Von hier aus in 20 Min. entweder nach Garmisch, *Hammersbach* oder zur Station *Obergrainau*.

Ausflüge von Garmisch-Partenkirchen.

Gesellschaftswagen vom Bahnhof zum Eibsee, Badersee, nach Hammersbach (Höllentalklamm), zur Partnachklamm, nach Linderhof usw.

1. In die ✱**Partnachklamm**, 1¼ St. südöstl.; von der Hst. Kainzenbad ½ St. zu Fuß. Stellwagen vom Bhf. Garmisch-Partenkirchen zur Partnachklamm bis *Wildenau* (*Gasth. Partnachklamm*, s. S. 29), von da zu Fuß auf dem ✱ unteren Weg (655 m) lang durch die Klamm, vollkommen eben, geschützt durch Geländer, unter Felswänden entlang und durch 9 Tunnels hindurch. (Ausblick bei der Kanzel auf die 70 m höher die Klamm übersetzende Eiserne Brücke.) Am Ende der Klamm *r.* das Reintal (Weg zur Zugspitze), geradeaus das Ferchental (Weg zum Schachen), *l.* Weg zum (1½ St. von Partenkirchen) Forsthaus **Vorder-Graseck** (891 m; gutes *Rest.*; auch Betten), **sehr**

schöne *Aussicht. Von hier über *Ellmau* (s. S. 36), Ferchen- und Lautersee nach (4½ St.) *Mittenwald*, s. S. 36. Rückweg von Graseck: nördl. Zickzackweg oder westl. Steig über die eiserne Klammbrücke (s. oben) zur Wildenau (s. oben). Die Partnachklamm ist im Winter wegen Stein- und Eisfallgefahr vom 15. Oktober ab geschlossen.

2. Zum **Eckbauer** (1238 m) in 1½–2 St., Weg über Graseck oder (schattiger) über Kainzenbad (s. S. 31). Von der Bergkuppe (**Rest.**) prachtvolle Rundsicht auf das Gebirge. Vom Eckbauer ¾ St. nordöstl. nach *Wamberg* (**Gasth.**), 997 m; Abstieg in ½ St. nach Kainzenbad (S. 31).

3. Nach **Schlattan** und zum **Gschwandtner Bauer**, 1020 m, von Partenkirchen auf der alten Mittenwalder Straße (1 St.) oder durch den *Bremstallwald* (1¾ St.) oder (am schönsten) durchs *Hasental* nach *Schlattan* und von hier in ½ St. zum *Gschwandtner Bauer*, Wirtshaus, mit wundervollem Blick auf das Wetterstein- und Karwendel-Gebirge; Rodelbahn. Von da auf markiertem Wege in 1¾ St. zum *Esterbergbauern* (s. S. 37) — oder in 3½ St. zum Wankhaus (S. 37), — oder in ½ St. zur Station Kaltenbrunn (S. 55) der Mittenwaldbahn.

4. Zum **Reintaler Hof** (*früher Reintalhospiz*), 951 m. Von Garmisch südl. über den Kochelberg und dann auf dem Hohen Weg in 2 St., oder in der gleichen Zeit von Partenkirchen entweder von der 1. Partnachbrücke vor der Wildenau (s. S. 33) und r. über den „Hohen Weg", oder kürzer über den hölzernen Steg vor der inneren Klamm an deren Westabhang zur eis. Hochbrücke und r. zum Hohen Weg hinauf. Auch lohnend durch die ganze Partnachklamm über den Ferchenbach und durch das Reintal bis kurz vor der Mündung des Bodenlahntals und r. hinauf. Der **Reintaler Hof** (30 Z. mit 55 B. v. 2–3½ ℳ, M. 2½, A. 2, P. 7–9 ℳ, Rest., Café, Garten, Bäder, Zh., gzj.), früher dem verstorbenen Berliner Hofprediger Stöcker gehörig, liegt herrlich auf grünem Wiesenhang, von prächtigen Obstbäumen umgeben. Vom Hospiz weiter durch das Reintal zu Angerhütte (s. S. 40; Zugspitzweg) — oder 3 St. durch das Bodenlahntal hinan zum Adolf-Zoeppritz-Haus am Kreuzeck (s. S. 37).

5. Zum ***Badersee** (766 m). Kraftomnibus 2 mal tägl. Zu Fuß 1½ St. Besser: Bahnfahrt in 10 bzw. 13 Min. zu den Stationen *Obergrainau*, 757 m (**Post**, 50 Z., Garten. — *Rest. Waldhütte*, 20 Min. entfernt) oder *Untergrainau* (**Alpenh. Waxen**=

Ausflüge von Garmisch-Partenkirchen. 35

stein, 40 Z. m. 60 B., Rest., Café, Garten, Bad, Zh., Ah., Touristen- u. Schülerherberge, Touristen-B. v. 1 ℳ an, schöne Aussicht; *Gasth.* **Höhenrain,** empfohlen), von da ½ bzw. ¾ St. zu Fuß zum überaus malerisch gelegenen, von den Wänden des Waxensteins überragten kristallklaren kleinen See. Eine kurze Kahnfahrt und eine Umwanderung des Beckens (20 Min.) sollte nicht versäumt werden. Die Farbe des Wassers, das im Sommer und Winter eine fast gleichmäßige Temperatur von etwa 8^0 C aufweist, erscheint in herrlichem Smaragdgrün. Auf den Grund des Sees ist eine aus Kupfer geformte Nixe versenkt. Am Ufer *Hotel Badersee* (schöne Lage im Park, 70 Z. mit 85 B., Rest., Café, Veranda, Bäder, Zh., Ah., gzj., gut geführt, moderner Komfort, auch für längeren Aufenthalt geeignet). Vom Badersee führt ein hübscher Fußweg durch Wald und über Wiesen in 1¼ St. zum *Eibsee.*

6. Der *Eibsee (973 m). Kraftomnibus 2 mal täglich. Fußgänger verbinden den Besuch des Eibsees am besten mit dem des Badersees. Wie oben mit der Bahn nach Ober- oder Untergrainau, dann, den Badersee *l.* lassend, noch ca. 1½ St. Der See, 5 km lang, 3 km breit, bis 28 m tief und sehr fischreich, ist rings von Bergen eingeschlossen und von den gewaltigen Abstürzen der Zugspitze überragt. Am Ostufer das *Eibsee-Hotel* (zwei gr. Hotelbauten, 150 Z. mit 200 B. v. 3—6 ℳ, F. 1½, M. v. 3½, A. v. 3 ℳ an, P. 10—14 ℳ, Rest., Konditorei, Veranda, Bäder, Zh. ,PA., Ah., gzj., elegante Räume, Wintersport). Auf dem Uferweg *r.* zum *Untersee* und über den Steg zum Nordufer; dort schönster Ausblick auf das Hochgebirge. Nahe dem sö. Ufer *l.* der idyllische kleine *Frillensee, 10 Min., in Waldhöhen eingebettet, von der mächtigen Waxensteinwand überragt. Von der *Ludwigs-Insel* in der Mitte des Eibsees (Überfahrt ¼ St.), schönes Echo (Böllerschuß) und großartiger Anblick der Zugspitze. Auf diese führt vom See aus ein Alpenvereinsweg über den Thörlnrücken zu den *Ehrwalder Köpfen* und zur *Wiener Neustädter Hütte* (4½ St.); von da in 2½ St. auf den westl. Gipfel. Über die *Thörlen* (1510 m; offene Hütte) markierter, sehr lohnender Übergang nach (3½ St.) *Ehrwald* (s. S. 51); nach *Griesen* (s. S. 50); über die Riffelscharte zur Höllentalhütte (s. S. 41).

7. In die *Höllentalklamm. Zu Fuß in 1¾—2 St. Omnibus in ¾ St. Von Garmisch zu Fuß durch die Wiesen in 1 St. nach **Hammersbach** (*H. Hammersbach,* m. Neben- u. Touristenhaus, 25 Z., Zh.) — oder mit Bahn zur Station Obergrainau (s. S. 34) und weiter in 20 Min. nach Hammers-

3*

bach. Von hier ¾ St. auf schönem Waldweg zur *Höllentalklamm-Eingangshütte*, 1045 m (Restauration). Karten zur Klammbesichtigung 50 Pf., Mitgl. d. DÖAV. 20 Pf. Das Durchschreiten der ganzen Klamm, einer der wildesten und großartigsten in den Alpen, bis zum Ende (1140 m) und zurück erfordert ca. ¾ St. (Wasserdichte Mäntel!). Der Klammweg, teils eiserner Steg, teils in den Fels gesprengt (14 Tunnels), wurde 1902—05 von der AVS. Garmisch-Partenkirchen erbaut und ist vollständig durch Geländer gesichert. Bis Ende Juli begegnet man bedeutenden Lawinenresten. Schönster Punkt unter der eisernen Brücke (72 m höher), wo *l.* der große Wasserfall aus den Wänden tritt. — Vom Ende der Klamm (1162 m) ¾ St. zur *Höllental-Hütte* (s. S. 41).

Zur Höllentalhütte gelangt man auch von Hammersbach oder Obergrainau durch den *Stangenwald*, um den Absturz des Kl. Waxensteins herum (für Schwindelfreie), dann auf dem versicherten „Stangensteig" und über die Klammbrücke (ca. 2½ St.); kann Geübten als Rückweg empfohlen werden.

8. Von Garmisch-Partenkirchen nach Mittenwald (EB. s. S. 55/56), zu Fuß 4½—5 St., bequem und lohnend. Bis (1½ St.) *Vorder-Graseck* s. Ausfl. 1. Dann bez. Weg über *Hinter-Graseck* (schöne Ausblicke) hinab zum *Ferchenbach*, den man überschreitet, und über einen Höhenrücken nach (1¼—1½ St.) **Elmau**, 1012 m (*Gasth. Elmau*, 15 Z. mit 32 B. v. 1,80—2,40 ℳ, F. 1—1,20, M. 2, P. 6—7 ℳ, Bad, gzj., einfach, gut), in prächtiger Lage. 10 Min. östl., am Fahrweg nach (1½ St.) *Klais* (S. 55), der nächsten Bahnstation, liegt das dem Gemeinschaftsleben dienende *Erholungsheim Schloß Elmau* (1030 m) des Schriftstellers Dr. *Johannes Müller*. Vom Gasthaus (zum ✱*Schachen* s. S. 38.) — Vom Gasth. Elmau bequemer, schöner Fahrweg am (1 St.) malerischen **Ferchensee** vorbei zum (¼ St.) ✱**Lautersee** (S. 58) und nach (¾ St.) **Mittenwald** (S. 56).

9. Von Garmisch-Partenkirchen zum Walchensee: Am schnellsten: EB. bis *Mittenwald*, dann KP. (im Juli und August direkte Eilfahrten von Garmisch über Mittenwald). — Fußgänger wandern entweder nach *Klais* (S. 55) am *Barmsee* (S. 56) vorbei nach *Krünn* bzw. (näher) gleich nach *Wallgau* und weiter, wie S. 59 beschr., oder von Garmisch-Partenkirchen über den *Krottenkopf* (s. S. 37) nach Walchensee.

Leichtere Bergtouren von Garmisch-Partenkirchen.
(Führer entbehrlich).

10. *Kreuzeck (1652 m), 3½ St. südwestl., bequem und sehr lohnend. Bez. Weg am *Rissersee* (S. 33) vorbei, dann in Windungen empor über die Trögelhütte (Diensthütte) zur (2½ St.) *Kreuzalpe* (1590 m), von hier westl. zum (1½ St.) *Kreuzeck* mit dem 1921 vergrößerten **Adolf-Zoeppritz-Haus** der AVS. Garmisch-Partenkirchen, 1652 m (gzj. bewirtsch.; 31 B. u. 69 Matr.; F., alpine Rettungsstelle), beliebter Stützpunkt für Klettertouren und Skitouren, mit prachtvoller *Aussicht auf Alp-, Zug- und Dreitorspitze; Fernrohr. Weniger umfassend ist der Blick von der (½ St.) *Hochalpe,* 1705 m (verfallene Hütte).

11. *Wank (1780 m), 3½ St. nordöstl., leicht und sehr lohnend. Fahrweg über *St. Anton* und die Daxkapelle. 10 Min. vor der Esterbergalpe *r.* auf AV.-Weg über das Frauenmahd zum Gipfel mit dem **Alois Huber-Haus** (*Wankhaus*) der AVS. Garmisch-Partenkirchen (*Sommerwirtsch.*; 5 B., 4 Matr.). Aussicht des Krottenkopfes nicht viel nachstehend, besonders schön auf das Wettersteingebirge. Abstieg zum (ca. 1 St.) *Esterbergbauern* (s. Tour 12) und (angenehm) zum (1½ St.) *Gschwandtner Bauer* (Ausfl. 3).

12. *Krottenkopf (2085 m), 4½—5 St. nordöstl., leicht und sehr lohnend. Über *St. Anton* (S. 31) zum (2¼ St.) *Esterbergbauern.* Von hier zuerst langsam steigend, dann steil empor zum Sattel zwischen Krottenkopf und Bischof mit der **Krottenkopfhütte** der AVS. Weilheim-Murnau, 1955 m (*Sommerwirtsch.,* 8 B., 15 Matr.), dann ½ St. zum Gipfel; umfassende, prächtige *Aussicht: Wettersteingebirge, Karwendel und Kaiser, Tauern, Lechtaler, Allgäuer, Schweizer Berge, Eibsee, Barmsee, Walchensee, Staffelsee, Starnberger und Ammersee, an klaren Tagen München. — Abstieg nach *Eschenlohe* (s. S. 23) und nach *Walchensee* (s. S. 59). Von der Krottenkopfhütte ersteigt man auch den *Rißkopf* (2050 m), den *Hohen Fricken* (1940 m), den *Kistenkopf* (1923 m) und den Bischof (2030 m).

13. Kramer (1983 m), 4½—5 St. nordwestl., für Ungeübte Führer nötig. Von Garmisch über den Bierkeller auf dem guten Reitweg zur (2¼ St.) früh. Diensthütte, jetzt *Kramerhütte* des Touristen-Vereins „Naturfreunde".

(Von da nördl. eben bis zur *Kramerschulter* mit Ausblick ins untere Loisachtal. Nach einer Wendung *l.* hinter dem Berg der (¼ St.) *Königstand*, ohne bessere Aussicht.) Von der Hütte bez. Weg durch das gemsenreiche *Mitterkar* nördl. vom Hauptgrat und *l.* zum (2½ St.) felsigen Gipfel mit Kreuz. Vorzüglicher Überblick des Wetterstein- und Karwendelgebirges. Abstieg: Westl. am Grat fort, dann nördl. an den Hängen des *Kühkars* und wieder westl. hinab zur (1 St.) *Stepbergalpe*; von da Reitweg nach (2 St.) Garmisch. Von der Stepbergalpe 1 St. auf den *Hirschbichlkopf* (s. unten).

14. Notkarspitze (1889 m), 5½ St. nordwestl., leicht. Von Garmisch über den *Pflegersee* (S. 32) bez. Weg über die *Reschbergwiesen* und das *Hasenjöchl*. Umfassende Aussicht, künstlerisches Bergkreuz. Abstieg nach (1½ St.) *Ettal* s. S. 23.

15. Hirschbichlkopf; Windstierlkopf, 5½ St. Von Garmisch über Sonnenbichl und den Pflegersee (s. S. 32) durch den Lahnewiesgraben zur (4 St.) *Enning-A.*; hier südl. 1½ St. auf den *Hirschbichlkopf*, 1936 m (Abstieg zur Stepberg-A. s. oben); — nördl. 1½ St. auf den *Windstierlkopf*, 1824 m. — Von der Enning-A. zum Sattel im Westen und Abstieg in die Ellmau, von da nördl. nach (2½ St.) *Graswang* bzw. nach (2¾ St.) Linderhof (s. S. 45).

16. *Schachen (1867 m), 5—6½ St. südl., leicht und sehr lohnend (Reittiere u. Bergwägelchen). a) kürzester Weg (5 St.; bez.), streckenweise steil. Durch die *Partnachklamm* oder über *Vorder-Graseck* (s. Ausfl. 1), dann über den *Ferchenbach* (Ww.) und an dessen *l.* Ufer aufwärts zu den *Steilen Fällen*. Hier *r.* steil aufwärts meist durch Wald, bis zur (2¾ St.) Einmündung in den Weg von Elmau (siehe b) und auf diesem an der *Wettersteinalpe* (s. u.) vorbei zum (2¼ St.) *Schachenhaus*; b) bequemerer Weg (6—6½ St.) sehr empfehlenswert: Bis (2½—3 St.) *Elmau* s. Ausfl. 8. Vom Gasth. *r.* über die Brücke und auf bequemem Fahrweg („Königsweg") im Tal des *Kaltenbachs* südwestl., dann in Windungen *r.* aufwärts und durch Wald (nach ¾ St. mündet *l.* der Weg a) hinüber ins Tal des *Laingrabens* (*r.* schöner Blick auf Vorder-Graseck und Krottenkopf), das gequert wird. L., in großartiger Lage unter der Wettersteinwand, die (¾ St.) *Wettersteinalpe*, 1464 m (Erfr.). In Windungen empor zu einer Quelle und über den Sattel

nördl. des Steilenbergs, dann hoch über dem Reintal, mit
großartigem Blick auf Alpspitze und Hochblassen, zuerst
ein wenig abwärts, dann wieder aufwärts um den kleinen
Schachensee (1681 m) herum zum (1½—1¾ St.) **Königshaus am Schachen** (1867 m), von Ludwig II. erbaut, mit
maurischem Saal (Eintritt 2 ℳ), davor sehenswerter *Alpenpflanzengarten* (Eintrittsgebühr), dahinter das **Schachenhaus** (gute Sommerwirtsch., 22 B., 32 Matr.; F.), 5 Min. westl. Pavillon mit großartigem ✱Blick (800 m fast senkrecht
hinab!) ins Reintal, gegenüber Alpspitze (*r.*) und Hochblassen (*l.*), *l.* davon das Hinterreintal mit den Blauen
Gumpen und seiner gewaltigen Umrahmung: im Hintergrund der Schneeferner mit Schneefernerkopf, weiter *l.*
Hochwanner, Gatterlköpfe, Plattspitzen, dann die Reintaler
Schrofen mit dem wild gezackten Teufelsgrat, die zu dem
großartig-wilden Kessel des Oberreintals hinüberleiten, ganz
l. die Dreitorspitzen. — Der direkte Abstieg vom Schachen ins Hinterreintal (zur *Bockhütte* 2—2½ [aufwärts
3—3½] St.) ist recht steil (Höhenunterschied 800 m) und
anstrengend, doch landschaftlich großartig. Vom Pavillon
rot bez. AV.-Steig im Zickzack an den Felsen hinab (Drahtseile) ins ✱*Oberreintal*, dessen öder Felskessel zu den wildesten Gebieten der Wettersteingruppe zählt; Blick auf die
Kare der Hundställe, Schüsselkar und Hochwanner. Man
überschreitet die Geröllmassen der Talsohle (Arbeiterhütte;
talaufwärts in ½ St. zur *Oberreintalhütte*, s. S. 45) und
steigt in steilen Zickzacks (auf halbem Wege eine Bank)
durch Wald hinab ins Hinterreintal zum Zugspitzweg, der
l. in 10 Min. über die Partnach zur *Bockhütte* (s. unten)
führt.

Hochtouren von Garmisch-Partenkirchen ins Wettersteingebirge.

17. ✱**Zugspitze** (Westgipfel 2963 m), höchster Berg
Deutschlands (Schwebebahn von Ehrwald im Bau, Eröffnung voraussichtlich August 1925; Standbahn von Garmisch über Eibsee zum Gipfel projektiert). Die Besteigung (Sonnabends wegen Hüttenüberfüllung nicht anzuraten) erfordert 2 (besser 2½) Tage, ist (Weg A.) für Schwindelfreie ohne Gefahr und überaus lohnend, doch für Ungeübte anstrengend. Führer für Ungeübte notwendig, bei
unsicherem Wetter auch für Geübtere (Wege B. u. C.
s. S. 41).

A. Durchs Reintal, ca. 10 St. (zurück 7 St.) (Übernachten am besten in der Knorrhütte): Von Partenkirchen über *Vorder-Graseck*, durch die *Partnachklamm* (s. Ausfl. 1) oder über den *Reintaler Hof* (Ausfl. 4) ins **Reintal**. Kurz hinter der Vereinigung der Wege von der Partnachklamm und vom Reintal-Hospiz über die *Bodenlahn*. Im *Stuibenwald* aufwärts, *l.* an der *Mitterklamm* und oberhalb (schöner Tiefblick) der *Hinterklamm* der Partnach vorbei. Hinab und über die Partnach. Bald zweigt *l.* der AV.-Steig zum Schachen ab (s. S. 38). 10 Min. weiter wieder aufs *l.* Partnachufer zur (3 St. von Partenkirchen) *Bockhütte* (1060 m). Von hier an heißt das Tal **Hinterreintal**, von scheinbar senkrechten Riesenwänden eng eingeschlossen. An der Quelle „Sieben Sprünge" vorbei zur (1¼ St.) *Unteren Blauen Gumpe*, 1118 m (Blockhütte *l.*), einer im Sommer vielfach ausgetrockneten Wasserlache in großartiger Umgebung; weiter an der (20 Min.) *Oberen Blauen Gumpe* (1211 m) vorbei, dann aufwärts (*l.* der stattliche *Partnachfall*, zu dem ein Steig führt) zu einer höheren Talstufe. Hier, auf dem *Unteren Anger*, die (5 St. von Partenkirchen) neue **Angerhütte** der AVS. München, 1367 m (gute Sommerwirtsch.; 34 B., 14 Matr.; F.); daneben die *alte Hütte* (Winterraum; 10 Matr.). 20 Min. entfernt der besuchenswerte *Partnachursprung*, über den man auch zum Oberen Anger (s. u.) gehen kann. — Von der Angerhütte über die Partnach und durch spärlichen Wald zur höchsten Talstufe, dem *Oberen Anger* (1444 m), von den gewaltigen Trümmern eines Bergsturzes, der im Frühjahr 1920 stattfand, übersät (die Abbruchstelle an der Plattspitze ist durch hellere Färbung des Gesteins erkennbar); man umgeht die Trümmer nach *r.* (auf die rot bez. Markierungspflöcke achten!) und steigt auf schlechtem, steinigen Saumweg (ziemlich steil und anstrengend) durch Latschen im Zickzack empor zur offenen *Brunntalhütte* (1727 m). Bald darauf Wegteilung: entweder *r.* auf dem Saumweg oder *l.* durch das *Brunntal* über Geröll hinan zur (2 St.) **Knorrhütte** der AVS. München, auf dem *Platt*, 2051 m (gute *Sommerwirtsch.*; 24 B., 63 Matr.; F.; Winterraum, alpine Rettungsstelle).
— (Bergtouren und Übergänge von der Knorrhütte s. Nr. 18.) Weiter Saumweg über das *Platt* (gutes Skigelände) zum (1½ St.) Südrand des *Schneeferners*, mit Resten der ehemaligen Platthütte. Über den schwach geneigten, gut ren Gletscher in ½—¾ St. zur *Gr. Sandreiße* (bis

hier gehen die Tragtiere). *R.* im Zickzack aufwärts, zuerst über Geröll, dann auf Felssteig (Drahtseile) zum (½ St.) Westgrat. Auf diesem *r.* empor zum (½ St.) **Westgipfel** (2963 m), mit dem (3—3½ St. von der Knorrhütte) *Münchener Haus* der AVS. München, 2957 m (*Sommerwirtsch.*; 43 Matr.; F.) und der *Wetterwarte* mit 7½ m hohem Turm. Von hier AV.-Steig (Drahtseile) in ¼ St. zum **Ostgipfel** (2962 m) mit 5 m hohem Eisenkreuz und großartiger ✱Rundsicht (Panorama von Reißner). Näheres s. unten.

B. **Vom Eibsee zur Zugspitze**, 6½—7 St. (besonders als Abstieg benutzt), nur für schwindelfreie, trittsichere und wegkundige Bergsteiger (weniger Geübte nur mit Führer). Vom Eibsee auf dem Weg zu den Thörlen (S. 35) bis zum (¾—1 St.) Handweiser. Hier *l.*, teilweise steil, empor zur (4—4½ St. v. Eibsee) *Wiener-Neustädter Hütte* des Österr. Touristenklubs, im *Österr. Schneekar*, 2216 m (*Sommerwirtsch.*; 24 B., 38 Matr. — [Von hier nach *Ehrwald* s. S. 51]). Dann durch das *Österreich. Schneekar*, durch einen Kamin (Stopselzieher), über Platten und Geröll — alles gut versichert — zum Westgrat und zum (2½ St.) *Westgipfel* der Zugspitze (s. oben).

C. **Von der Höllentalhütte zur Zugspitze**, 5½ bis 6 St. (von Garmisch 8 St.), schwierigster und interessantester Aufstieg, nur für ganz geübte, schwindelfreie und trittsichere Bergsteiger mit Führer. Von Garmisch zur *Höllentalhütte* s. Ausfl. 7. Von der *Höllentalhütte*, 1382 m, der AVS. München (Sommerwirtsch. mit neuem Schlafhaus m. 16 Betten u. 74 Matr. in großartiger Hochgebirgs-Umgebung), an der *l.* Seite des Hammersbachs ins innerste Tal, den Weg zur Riffelscharte (S. 44) *r.* lassend, am ,,Brett" (mit Drahtseil und Stiften versicherte steile Platte) entlang zum oberen *Höllentalferner*; über dessen Moräne, dann auf AV.-Weg gegen den Gipfel und auf versicherten Stufen und Bändern zum (5½ St.) *Ostgipfel.*

Die **Aussicht** auf der Zugspitze ist von ungeheurer Ausdehnung, eine der großartigsten und lohnendsten in den Nordalpen. Eines der gewaltigsten Talbilder ist der Tiefblick zum Eibsee, umgeben von dunklen Wäldern. Vom Eibsee aus führt die Straße durch Wald und Wiesen nach Untergrainau und Garmisch. Nach Norden fließt die Loisach in die Ebene hinaus, in der der Ammer- und Starnberger See glänzen. Auf der Westseite des Loisachtales sieht man die vielzackigen Züge des Ammergebirges, östlich den Gipfel des Esterngebirges, dahinter den Walchensee.

Nach *Osten* gewendet, erscheint ein Stück des Isartales bei Wallgau und dahinter die Tegernseer Berge. Hart links am Ostgipfel man das Kaisergebirge bei Kufstein, rechts einzelne Gipfel de.

und Berchtesgadner Berge. Direkt vor der Zugspitze, gegen Osten, sieht man den Blassenkamm, rechts von demselben zieht das Reintal vorüber. Gut sichtbar ist der Zug des Wettersteinkammes, über den die Tauern, der Ankogel, der Großglockner sowie der Großvenediger aufragen. Sieht man über den Hochwanner hinweg, so erblickt man den Hohen Solstein bei Innsbruck und die Zillertaler Gipfel. Weiter nach rechts erblickt man die Gatterlköpfe, über welchen hinweg die zur Mieminger Gruppe gehörige Hochmunde aufragt; an dieser vorbei zieht das Leutaschtal.

Im *Süden* liegt an dem Fuße der Zugspitze das Platt mit seinen Hügeln und Mulden sowie der Schneeferner. Das Großartigste der Rundschau sind die im Süden aufragenden Stubaier und Oetztaler Berge.

Im *Südwesten* zeigt sich der Schneefernerkopf, über dem sich die Berninagruppe erhebt. Rechts vom Schneefernerkopf sieht man auf den waldigen Fernpaß mit seinen kleinen Seen, an welchem die Straße Leermoos-Landeck vorüberzieht.

Gegen *Westen* reihen sich die Algäuer Alpen, besonders aufragend der Hochvogel. Im Westen fällt die Zugspitze in ungeheuren Wänden in das österreichische Schneekar und zum Thörlenwald ab, der sich bis zum Loisachtal und nach Ehrwald absenkt. Hinter dem Loisachtal liegen die Planseer Berge, hinter welchen der fernste Weitblick schon auf die schwäbische Ebene fällt.

Nordwestlich wird der Säuling sichtbar, welcher die Lage von Hohenschwangau und Neuschwanstein bezeichnet. Vor uns führt der Zugspitznordgrat zum bayerischen Schneekar, unter welchem der Eibsee liegt.

18. Touren von der Knorrhütte (s. S. 40): *Zugspitze* s. Tour 17A. — **Schneefernerkopf** (2876 m), 3 St., für Geübte nicht schwierig, sehr lohnend; mit Führer. Von der Knorrhütte auf dem Zugspitzweg bis zur (2—2¼ St.) *Gr. Sandreiße*, dann *l.*, den ganzen *Schneeferner* überschreitend, den Hang hinauf zum (1 St.) völlig verfirnten Gipfel. Aussicht fast so umfassend wie von der Zugspitze. Sehr schwieriger Abstieg nach *Ehrwald* (S. 52). — **Hochwanner** (2747 m), 5 St., anstrengend, aber sehr interessant; mit Führer. Südl. zum (1 St.) *Gatterl* (s. u.) und zum (½ St.) *Feldernjöchl*, 2042 m, wo der Weg von der Tillfußalpe (und Leutasch) heraufkommt, hier *l.* über den *Kothbachsattel* zu den (1 St.) *Steinernen Hütteln* (1929 m), dann nördl., den Kl. Wanner *l.* lassend, empor zum Grat und östl. über schuttbedeckte Platten zum (2¾ St.) Gipfel, der als Mittelpunkt der Wettersteinkette eine entsprechend interessante Aussicht bietet. Abstieg von den Steinernen Hütteln (s. o.) über die *Tillfußalpe* (s. u.) nach (4½ St.) *Ober-Leutasch* (S. 58). — Von der Knorrhütte aus werden von sicheren und schwindelfreien Kletterern auch die (3½ St.) **Westl. Plattspitze** (2678 m) und die (5 St.) **Östl. Plattspitze** (2681 m; wierig) erstiegen; ferner die (3½ St.) **Innere Höllental-** (2744 m), die (4¾ St.) **Mittlere Höllentalspitze** (2746 m),

die (5 St.) **Äußere Höllentalspitze**, 2722 m; diese drei sind durch die AVS. München geschaffene Weganlagen verbunden. Sehr schwierig ist der Übergang von der Äußeren Höllentalspitze zur (5 St.) Zugspitze. — Übergänge von der Knorrhütte (unschwierig) über das (1 St. südl.) *Gatterl* (s. o.) zum (1/2 St.) *Feldernjöchl* (s. o.); von hier entweder *r*. nach (3½ St.) **Ehrwald** (S. 51) oder *l*. steil hinab zur (1¼ St.) *Tillfußalpe* (1393 m) und auf Fahrweg nach (2 St.) **Ober-Leutasch** (S. 58).

19. Touren vom Adolf Zoeppritz-Haus (Kreuzeck; S. 37): * Übergang über das **Hupfleitenjoch** (1754 m) und an den *Knappenhäusern* (Bleibergwerk, seit Kriegsende stillgelegt) vorbei zur (1½ St.) *Höllentalhütte* (s. S. 41), sehr interessant, aber nur für Schwindelfreie (an einigen Stellen Vorsicht nötig!). (Sehr empfehlenswerte Rundwanderung: Garmisch—Kreuzeck—Hupfleitenjoch—Höllentalhütte—Garmisch [oder Höllentalhütte—Riffelscharte—Eibsee]). — **Höllentorkopf** (2150 m), 2 St., für Schwindelfreie nicht sehr schwierig, lohnend. Vom Kreuzeck zur (½ St.) *Hochalpe* (s. Tour 10), dann über das *Höllentor* (2000 m) zum Gipfel, mit großartiger * Aussicht. — * **Alpspitze** (2620 m), 3¼—4 St., nur für Schwindelfreie mit Führer nicht zu schwierig, aber sehr lohnend. Von der (½ St.) *Hochalpe* (s. Tour 10) in 3¼ St. (nur für Geübte) über die *Schönen Gänge* (z. T. Drahtseile) ins Oberkar und über den Nordostgrat zum Gipfel mit Eisenkreuz und interessantestem Überblick der Wettersteingruppe. Abstieg (nur für ganz geübte Kletterer!) über die *Grieskarscharte* zur *Höllentalhütte* s. unter „Hochblassen". — * **Hochblassen** (2706 m), nur für Schwindelfreie mit Führer. a) vom Ad. Zoeppritz-Haus, 4—4½ St.: Südl. über die *Bernardein-Jagdhütte* und den *Stuibensee* (1922 m), dann westl. durch das *Grieskar* zur *Grieskarscharte* (2430 m) und schwierig, von Westen her auf den *Vorgipfel* (2698 m) und zum *Hauptgipfel*; b) noch lohnender, doch nur für ganz geübte Kletterer mit Führer, ist die Besteigung von der (4 St. von Garmisch) Höllentalhütte (S. 41), 3½ St.; versicherte Steiganlage durch die großartige Felsszenerie des *Matheisenkars* zur *Grieskarscharte* zwischen (nördl.) Alpspitze und (südl.) Hochblassen, dessen Gipfel (z. T. Drahtseil) von hier erreicht wird. — Sehr lohnend ist der Übergang vom *Hochblassen* über die *Grieskarscharte*

zur (ca. 2 St.) *Alpspitze* (s. o.) mit Abstieg zum Kreuzeck-Haus.

20. Touren von der Höllentalhütte (S. 41): Übergänge: Über das **Hupfleitenjoch** zum *Kreuzeck* s. Tour 18; über die **Riffelscharte** (2161 m) zum *Eibsee* 4½ St., Felssteig (Drahtseile, Stifte und Platten), Schwindelfreien sehr zu empfehlen (mit Führer). — Besteigungen: *Zugspitze s. Tour 17C. — **Großer Waxenstein** (2278 m), 3 St., schwierig, mit Führer. Auf bez. Klettersteig an der SO.-Wand erst talauswärts, dann zum Grat. Oder von dem zur Riffelscharte führenden Weg r. ab zum *Schönanger*; von diesem schwierig auf den Grat und zur Spitze; noch weit schwieriger ist der **Kleine Waxenstein** (2163 m), der vom Tal aus gesehen als eine dem Zugspitzmassiv vorgelagerte schlanke Felspyramide erscheint und der Landschaft von Garmisch und Partenkirchen das charakteristische Gepräge gibt. Er wird meist von der Grainauer Seite über das Männl bestiegen. — *Alpspitze und *Hochblassen über die Grieskarscharte (beide von hier nur für ganz Geübte mit Führer) s. Tour 19.

21. Vom Schachenhaus nach Oberleutasch (—Mittenwald), großartiger Übergang, für Schwindelfreie ohne Gefahr; Führer entbehrlich. Vom Schachenhaus (S. 39) bez. AV.-Steig über das *Teufelsgsaß* (1942 m), über den Grat und die *Schachenplatte* (Drahtseile) zum *Frauenalpel*, einer grünen Oase in der Steinwildnis, und weiter zur (1½ St.) **Meilerhütte** der AVS. Bayerland-München, 2378 m (*Sommerwirtsch.*; 10 B., 18 Matr.; Winterraum in der alten Hütte), am *Dreitorspitzgatterl*, mit großartiger Aussicht (noch schöner von der *Westl. Thörlspitze*, s. u.). Von hier durch das wilde *Berglental hinab nach (ca. 3½ St.) *Ober-Leutasch*. Weiter nach *Mittenwald* s. S. 58. — Besteigungen von der Meilerhütte: *Westl. Thörlspitze (2430 m), ¼ St., leicht, nicht zu versäumen! — *Partenkirchener Dreitorspitze (NO.-Spitze 2606 m, Mittelspitze 2633 m), 1½—2 St. auf dem „Hermann von Barth-Weg" (Drahtseile, Stufen) zur Mittelspitze, für Geübte nicht schwierig; mit Führer. *Aussicht höchst großartig. — **Leutascher Dreitorspitze** (2674 m), 2½ St., schwierig, mit Führer. Die *Überschreitung aller Dreitorspitzen mit Abstieg nach Leutasch ist für geübte Felsengänger mit Führer höchst genußreich. — **Wettersteinwand** (2483 m), 3 St. durch das Berglental (das

nach Leutasch hinabführt), dann *l.* hinauf zum Gipfel mit malerischer Aussicht.

22. **Touren von der Oberreintalhütte:** Zur Oberreintalhütte von Partenkirchen 3½, von Garmisch über den (2 St.) Reintaler Hof (S. 34) 4 St. Man folgt dem Zugspitzweg, wie in Tour 17A. beschr., durchs *Reintal* bis 10 Min. vor der Bockhütte; hier auf dem in Tour 16 als Abstieg beschriebenen AV.-Steig zum Schachen *l.* im *Oberreintal* steil aufwärts zum *Unteren Boden*, wo der Steig zum Schachen *l.* abbiegt, und zum (½ St. weiter) *Oberen Boden* mit der *Oberreintalhütte* der AVS. Garmisch-Partenkirchen, 1530 m (unbewirtschaftet; 12 Matr.). Ausgangspunkt für folgende Hochtouren (sämtlich schwierig oder sehr schwierig): *Gr. Hundsstall* (1600—2100 m), 2½ St. über den mittl. *Zundernkopf* (ca. 2000 m), mittelschwer; *Oberreintalschrofen* (2523 m), *Scharnitzspitze* (2464 m), *Schüsselkarspitze* (2538 m; schwierige Kamin- und exponierte Wandkletterei), *Leutascher Dreitorspitze* (2674 m; s. a. S. 44), *Teufelsgrat* (2635 m), letztere 4—7 St. von der Hütte.

Von Garmisch-Partenkirchen zu den Königsschlössern Linderhof, Hohenschwangau, Neuschwanstein.

Von Garmisch-Partenkirchen fährt man entweder mit Stellwagen bis Linderhof (hin und zurück 6 ℳ) oder mit Postauto (auch mit der Bahn bis *Oberau*) nach Ettal (s. S. 23). Von Ettal (nach Oberammergau s. S. 23) Straße über *Graswang*, 897 m (**Gasthaus;** hier öffnet sich südl. der schöne Talgrund der *Ellmau*, durch den man über einen niederen Sattel zur Bahnstation *Griesen* (S. 50) gelangen kann) zum (1¼ St.) **Forsthaus Linderhof** (10 Z., Bad, Rest., Garten); hier Abzweigung der Straße zum (5 Min.)

*Schloß **Linderhof** (948 m), in prächtigem Park am Südhang des felsigen *Hennenkopfes*, zwischen Brunnenkopf und Pürschling. Vom Parktor *l.* das **Schloß-H. u. Rest.** (80 B., gelobt), gegenüber Post-, Telegraphen- und Telephonamt und *Kasse*. Besichtigung (Dauer etwa 1½ St.): Vom 1. Mai bis 31. Oktober von ½9—5 Uhr. Eintrittsgebühr für Schloß, Grotte u. Kiosk: 3 ℳ. Kinder 1.50 ℳ. Im Winter kann nur das Schloß besichtigt werden. Die *Wasserwerke* werden um 12 Uhr mittags und 6 Uhr abends ¼ St. lang in Betrieb gesetzt.

Das Schloß wurde 1869—78 im Auftrag König Ludwigs II. durch *G. v. Dollmann* im Rokokostil erbaut. Es wurde an der Stelle errichtet, wo früher ein (jetzt auf die Westseite des Schlosses versetztes) Jägerhäuschen König Maximilians II. gestanden hat.

Die **Front** zeigt reiche Dekoration: Drei Rundportale mit kunstvollen Gitterabschlüssen, Atlanten, welche den Balkon des Obergeschosses tragen, eine Viktoria, Amoretten (Musik, Poesie, Skulptur, Architektur), Wappen, allegorische Statuen (Ackerbau, Handel, Wissenschaft und Handwerk darstellend), Vasen usw.

Die **✱Gartenanlagen** sind äußerst anmutig. Vor der Schloßfront südwärts die malerische Anlage des **Wasserwerkes**; unten ein von den *Statuen Tag* und *Nacht*, *Venus* und *Diana* (von *Hautmann*) umstandenes großes *Bassin* mit einer Flora von Wagmüller. Weiter südlich eine Terrasse mit *Nixenbrunnen*; darüber eine weitere Terrasse mit der *Büste Marie Antoinettes*, und ganz oben der *Monopteros*, ein offener Rundtempel mit herrlicher *Venusstatue* von Hautmann. Hier reizende Übersicht des Parkes und Blick auf seine prächtige Bergumrahmung, westlich von der ersten Terrasse das *Denkmal Ludwigs II*. neben einer mächtigen Linde. — Östlich vom Schloß, hinter einem Gärtlein im echten Zopfstil, die *Kapelle* mit Gemälde von Hauschild, Glasmalereien von Zettler und kostbarem Kruzifix.

In der **Eintrittshalle** des Schlosses eine Reiterstatue Ludwigs XIV., die Kunde von der Verehrung Ludwigs II. für den „Sonnenkönig" und für dessen glanzvolle Hofhaltung gibt. Im Erdgeschoß Räume für die Dienerschaft. Im Treppenhaus Sèvresvase mit dem Bild der Esther, Geschenk Napoleons III. Im **Obergeschoß** befinden sich die zehn luxuriös ausgestatteten Zimmer, deren Ausschmückung durchweg von namhaften bayerischen Künstlern ausgeführt wurde. 1. Westliches Gobelinzimmer mit teils gemalten, teils gewirkten Gobelinbildern von *Pechmann* nach Watteau. 2. Spiegelsaal mit Kaminen aus Ural-Lapislazuli, Marmorgruppen („Entführung der Helena", „Raub der Proserpina") von *Walker*, Bilder von *Benezur* und *Lehmann*, und Deckengemälde von *Widnmann*. 3. Östliches Gobelinzimmer; die Gobelins gleichfalls von *Pechmann*; Statuetten von *Kaindl*, *Gröbner* und *Bechler*. 4. Blaues Kabinett. Pastellporträts von Männern und Frauen aus der Zeit Ludwigs XIV. und XV., Porzellanstatue Augusts des Starken von Sachsen und Polen. 5. Speisezimmer mit Kunstwerken von *Heckel*, *Thiersch*, *Borcher*. 6. Rosa Kabinett mit Bildern von *Barth*, *Schultze*. 7. Schlafzimmer mit Prunkbett und Ludwig XIV. und Ludwig XV. verherrlichenden Bildern von *Spieß*, *Lasker*, Sonnenpferden in Marmor von *Perron*. Aus den Fenstern entzückende Aussicht. 8. Lila Kabinett (Bilder von *Fries* und *Werkert*, chinesisches und Meißener Porzellan). 9. Arbeitszimmer mit Emblemen des Königtums, der Religion, des Handels, der Gewerbe, der Kunst und Wissenschaft, Statuetten Ludwigs des XIV. und XV., Bildern von *Jank*, *Fries*, *Zimmermann* und *Knab*. 10. Gelbes Kabinett (Bilder von *Gräfle*, Kopien nach *Watteau*).

Durch die nördlichen, mit Kaskaden belebten Anlagen des Schlosses gelangt man zu dem von außen nicht erkennbaren, durch drehbare Felsen versteckten Eingang in die **Blaue Grotte.** In der Mitte ein kleiner See, im Hintergrund „Tannhäusers Traumleben in Venusberg", Gemälde von *Heckel*. Die elektrische Beleuchtung der mit künstlichen Tropfsteinen ausgestatteten Grotte findet nur bei Lösung von wenigstens 10 Eintrittskarten statt.

Durch die Hintergrotte gelangt man ins Freie und ostwärts zum **Maurischen Kiosk,** einem echt orientalisch ausgestatteten Tempel.

Von Garmisch-Partenkirchen zu den Königsschlössern. 47

Die Fahrstraße führt von Linderhof südwestwärts durch schönen Wald zu (1½ St.) einer Brücke, welche die Grenze zwischen Bayern und Tirol bildet. Hier *l.* zur (¼ St.) **Hundinghütte**, der Nachbildung einer altgermanischen Wohnung (Wohnraum Hundings in Wagners Walküre), einer mitten im Walde gelegenen, phantastisch-anmutigen Schöpfung Ludwigs II. (z. Z. geschlossen).

Jenseits der Grenze führt die Straße durch den Ammerwald zuerst ansteigend, dann fast eben zum (1 St.) *Alpen-***H. Ammerwald,** 1082 m (160 B., Rest., Schwimm-, Luft- u. Sonnenbäder, Arzt, PTF., österreich. Zollamt, v. 1. Okt. bis 15. Febr. beschränkter Winterbetr.). (Hier *r.* bequemer bez. Fußweg [„Schützensteig"] zur [3 St.] *Marienbrücke* bei Neuschwanstein s. S. 50). Die Straße zieht bald abwärts zum (1½ St.) **✱Plansee,** 976 m, 5½ km lang, ½–1 km breit, bis zu 76 m tief, von hohen Bergen umrahmt *(Plansee - H. Forelle,* mit *Nebenhaus* am Ostende des Sees; *H. u. Pens. Seespitz* mit *Villa Gamsbock,* am Westende des Sees, beide im gleichen Besitz, 150 Z. mit 250 B. v. 2½—6 S., F. 2, M. 3½—5, A. 3½, P. 10—14 S., Rest., Garten, Bäder, Zh., geöffnet Mai—Okt., eigene Schiffsverbindung mit Heiterwang; eigene Autoverbindung Heiterwang—Neuschwanstein und H.—Zugspitzbahn, ferner eigene Stellwagenverb. Linderhof—Oberammergau—Garmisch). Dampfbootfahrt vom H. Forelle auf dem Plansee zum Heiterwanger See *(Gasthof zum Fischer am See,* Touristenhaus, Dampfschiffhaltestelle) und nach Heiterwang (S. 53); Straße nach (2 St.) Station Griesen (S. 50). — An den *Stuibenfällen* (*r.* unten Fußweg) vorbei führt die Straße nach (1½ St.) **Reutte** (s. S. 55).

Von Reutte nach Hohenschwangau. Bahnfahrt zur (8,2 km) Stat. *Ulrichsbrücke;* oder mit Postauto von Reutte über *Ulrichsbrücke* nach Füssen und Hohenschwangau.

Von Reutte direkter Weg nach Hohenschwangau: Straße über Pflach, und über den *Kniepaß,* 924 m, zum (1½ St.) schöngelegenen *Schluxenwirtshaus* (Pension u. Weinrest.) bei Pinswang und östl. auf der „Fürstenstraße" hoch an der Westseite des Alpsees nach (1½ St.) Hohenschwangau.

Die Poststraße führt über Pflach, Roßschläg, Musau (hier Aufstieg zum Reintal u. zur Otto-Mayr-Hütte, s. S. 55), Ulrichsbrücke, Grenzzollamt *Weißhaus* **(Gasthaus)** nach **Füssen,** 797 m **(Hotels:** *H. zum Hirsch* mit *Nebenhaus,* Schulhausplatz 2, 40 Z. mit 65 B. v. 2½ ℳ an, F. 1,20, P. v. 7½ ℳ an, Rest., schöner Garten, Bad, Zh., Ah.; *Alte Post,* Reichenstr. 13, 3 Min. vom Bahnhof, 33 Z. mit 60 B. v. 2½—4 ℳ, F. 1, M. 1,80—2½, P. 5½—8 ℳ, Rest., Bad, flW., Zh., Ah., gzj.; *Neue Post,* Reichenstr. 33, Nähe Bhf., 35 Z. mit 60 B., Café, Rest., Garten, Bad, Zh., Ah.; *Augs-*

burger Tor, Reichenstr. 40, nahe dem Bhf., 20 Z. mit 35 B. v. 3—4 ℳ, F. 1, M. od. A. 1½—4½ ℳ, P. 5½—7½ ℳ, Rest., Weinstube, Café, Konditorei, Terrasse, Bad, Ah., gzj.; *Gasth. Löwe*, an der Lechbrücke, 18 Z. mit 30 B. v. 1¾—2¾, F. 1, M. 1½—2, A. 1, P. 6 ℳ, Rest., Bad, Ah., gzj.; *Sonne*, Reichenstr. 37, nahe dem Bhf., 25 Z. mit 40 B., Rest., Garten, Bad, Ah.; *Mohren*, Reichenstr. 17, 15 Z. mit 25 B., Rest., Bad, Ah.; *Krone; Lamm; Traube; Hecht; Baumgarten; Hase.* — In Faulenbach (10 Min.): *H. u. Kurh. Schwefelbad* mit *Nebenhaus*, Mühlenweg 4, wundervolle Lage, 30 Z. mit 50 B. v. 2—3 ℳ, F. 1, M. 1½—2, A. 1½, P. 6—8 ℳ, Rest., Café, Terrassen, Garten, mediz. Bäder, Zh., Ah., gzj. — Pensionen: *Haus Stockhammer*; *Pens. Luitpold*, 22 B. v. 1,80 ℳ an, F. 1, P. v. 6 ℳ an, Bad, Ah.; *Rupprecht*; *Haus Bartenstein*. — *Kindererholungsheim*. — **Restaurants u. Cafés**: *Bahnhofsrest*; *Café-Rest. Niemann*; *Café Rathaus*; *Café Stadt Füssen*; *Café u. Konditorei Augusta*; *Café Luitpold* u. a.), hübsch am Lech gelegenes schwäbisches Städtchen mit ca. 6000 Einw. Sehr schöne Umgebung. Städt. Verkehrsamt, Lesesaal, Arzt, Apotheke, Städt. Schwimm- und Sonnenbäder im Vorort Faulenbach.

KP. im Sommer nach Hohenschwangau; Reutte; Schongau. **Stellwagen** nach Hohenschwangau—Plansee—Linderhof—Oberammergau.

Von Füssen nach Hohenschwangau: a) Fahrstraße, 5 km, kürzester Weg. An Wirtschaft u. Pens. Alterschrofen vorbei durch die Schloßparkanlagen nach Hohenschwangau. — b) Auf dem aussichtreichen *Alpenrosenweg* 1½ St. zunächst auf der Straße nach Ulrichsbrücke, nach 20 Min. l. aufwärts durch Wald.

✱**Hohenschwangau**, 834 m (*H.-Pens. Alpenrose*, am Alpsee, I. R., 100 Z. mit 160 B. v. 2½—8 ℳ, F. 1½, M. od. A. 3½—4½, P. 9—16 ℳ, Rest., Café, Garten, Bäder, flW., PA., Ah., geöffnet 30. April bis 1. Okt.; *H. Schwansee*, 10 Min. vom prächtigen Alpsee, am Fuße der Königsschlösser, 120 Z. mit 180 B. v. 3 ℳ an, F. 1½, M. 3½, A. 3, P. 9—14 ℳ, Rest., Café, gr. Park, Tennisplatz, Bäder, Zh., PA., Ah., gzj., vornehm; *H.-Pens. Lisl* mit *Jägerhaus*, 50 Z. mit 80 B. v. 2½—5½ ℳ, F. 1½, M. 3½, A. 2½, P. 8—11 ℳ, Café-Rest., Gartenterrasse, Bad, flW, Zh., Ah., gzj.; *Neue Burg*, beim Schloße Neuschwanstein, 10 Z., gelobt. — *Rest. u. Pens. Alterschrofen*, ruhige Lage an den Schloßparkanlagen, 24 Z. mit 40 B. v. 2—3 ℳ, F. 0,60, M. 1,20, A. 1, P. 4½—6 ℳ, Rest., Garten, Bad, Ah., schöne Aussicht; *Christl. Hospiz Bethanien: Sonnenbichl-Pens. (Müller)*, 60 B. v. 3 ℳ an, F. 1,20, P. v. 8 ℳ an; *Pens. u. Café Rupprecht*, 8 Z. mit 15 B., Garten, Bad; *Albrecht*, 20 B.; *Olga; Aurora*. — *Privatwohnungen* weist der Verkehrsverein nach. — **Bäder** und **Kahnfahrten** im Alpsee. — **Rodelbahn**, 3,5 km lang), von Schwarzenberg und Älpeleskopf überragtes Dorf in einzig schöner Lage am Ostende des 2 km langen und 1 km breiten ✱*Alpsees* (815 m; s. a. oben), erstklassiger Luftkurort, zahlreiche angenehme Spazierwege.

✱**Schloß Hohenschwangau**, 895 m, auf einem Ausläufer des Schwarzenbergs, dem *Schloßkopf*, und über zwei Seen

Schloß Neuschwanstein.

(Alpsee und Schwansee) prächtig gelegen, ist vom damaligen Kronprinzen, späteren König Max II., 1832 an Stelle einer mittelalterlichen Burg erbaut worden, später Lieblingsaufenthalt Ludwigs II. (Besichtigung Mai bis Okt. tägl. 8½—5 Uhr; Führungen alle 25 Min. Im Winter tägl. Führungen um ½12, 2 u. ⅓3 Uhr). Die Besichtigung dauert etwa ½ St. Eintr. 1.50 ℳ, Kinder unter 14 Jahren 75 Pf.

Man betritt zunächst den Schloßhof, mit *Marienbrunnen*. Im Schloßgarten *Schwanenbrunnen*, *Marmorbad* und *Löwenbrunnen*. Im Erdgeschoß mächtige *Waffenhalle*. Im I. Stock *Schwanenritter*- und *Schyrensaal*, *Orient*-, *Bertha*- und *Burgfrauenzimmer*. Im II. Stock *Helden*- und *Hohenstaufensaal*, *Autharis*-, *Ritter*-, *Tasso*- und *Welfenzimmer*. — In den meisten Räumen wertvolle *Gemälde* erster Meister wie *Lindenschmitt*, *M. v. Schwind*, *Neher*, *Quaglio* u. a., Gegenstände aus der deutschen Sage und Geschichte darstellend. Von den Fenstern des II. Stockes überwältigender Blick auf Berge und Täler.

Dem Aufgange nach Hohenschwangau gegenüber, nächst dem *Hotel Lisl*, beginnt die Straße nach (½ St.)

✶✶Schloß Neuschwanstein (996 m), auf gewaltigem, aus der Pöllatschlucht emporstrebendem Felsen wie eine Märchenburg emporragend, die reichste Schöpfung Ludwigs II. Der König ließ den unvollendet gebliebenen Bau 1869 und in den folgenden Jahren durch *Jank*, *Riedel* und *Dollmann* in roman. Stil und mit großartiger Prachtentfaltung erbauen. Das Schloß besteht aus fünf Stockwerken, über die sich noch drei mit Kupfer gedeckte Dachstühle erheben. Es umfaßt im Westen den *Palas*, welchem sich gegen Osten der *Ritterbau*, die *Kemenate* und die *Kapelle* anschließen. Den Abschluß des Ganzen bildet der von zwei stattlichen Türmen flankierte *Torbau*. — Besichtigung Mai bis Okt. tägl. 8½—5 Uhr; Führungen alle 25 Min. Im Winter tägl. Führungen um ½11, ½12, 1, 2 u. 3 Uhr. Dauer der Besichtigung etwa 1 St. Eintr. 3 ℳ, Kinder unter 14 Jahren 1.50 ℳ.

Im Erdgeschoß Wirtschaftsräume mit riesiger Küche. Im ersten Stock Zimmer für die Dienerschaft. Der zweite Stock für die Gäste bestimmt, ist nicht eingerichtet. Im dritten Stock die **Königswohnung**: *Vorplatz* mit Wandgemälden von Hauschild (Sigurdsage). *Arbeitszimmer* (Tannhäusersage). Nebenan die *Tropfsteingrotte*. Das *Wohnzimmer* enthält Darstellungen aus der Wartburg usw. Im benachbarten *Toilettenzimmer* Darstellungen aus dem Leben Walthers von der Vogelweide und des Hans Sachs. Folgt die *Hauskapelle* mit Gemälden aus dem Leben des heil. Ludwig. *Schlafzimmer:* Bett mit got. Aufsatz. Darstellungen aus Tristan und Isolde. Vom Balkon und Erker herrliche Aussicht. *Speisezimmer*, an den Wänden: Sängerkrieg auf der Wartburg, Gobelinmalerei von Piloty. — Vom Treppenvorplatz r. führt ein Durchgang in den *Thronsaal* (20 m lang, 12 m breit, 13 m hoch). Gemälde von Hauschild, die Beziehungen des Königtums zur Religion darstellend. An der westl. Längsseite Balkon mit herrlicher Aussicht. — Im vierten Stock gelangt man durch eine Vorhalle, deren Wände Szenen aus der Gudrunsage schmücken, in den *Sängersaal* (27 m lang, 10 m breit) mit der *Sängerlaube*. Darstellungen aus Parzival und Bildnisse von Minnesängern. Die Aussicht vom Saal nach Süden auf die Pöllatschlucht den Wasserfall, die Marienbrücke, den Säuling ist von eigenartigem Reiz.

Vom Schloß ¼ St. zur **Marienbrücke** (1015 m) über die Pöllatschlucht, schönster Blick auf Neuschwanstein. Von hier auf dem „Schützensteig" nach *Ammerwald* und nach *Linderhof* (s. S. 45).

Von Garmisch-Partenkirchen über Lermoos nach Reutte.

Elektr. Eisenbahn (**westl. Zweig der Mittenwaldbahn**). 45 km in 1¼—2 St. Durchgehende Wagen Innsbruck—Mittenwald—Garmisch-Partenkirchen —Reutte. In Reutte Anschluß über Pfronten nach Kempten im Allgäu, an der Hauptlinie München—Lindau (Bodensee).

Die Bahn verläßt den Bahnhof Garmisch-Partenkirchen und führt an den Hängen des Kochelberges und Risserkopfes zur (2 km) Station *Rissersee* (von hier 10 Min. hinauf zum Hot. Rissersee, S. 33); dann im Tale weiter mit vollem Blick auf Höllental und Waxenstein (*l*. oben Zöppritzhaus) und nach Überschreiten des Hammersbaches zur (4,5 km) Station *Obergrainau*. (Zur Höllentalklamm, zum Bader- und Eibsee s. S. 34 u. 35.) — (5,5 km) Station *Untergrainau* (Fahrstraße zum Bader- und Eibsee, S. 34/35). Die Bahn erreicht und überschreitet die Loisach und führt, zuletzt knapp an ihrem *l*. Ufer, zur (13,5 km) Grenzstation **Griesen** (bayer. und österr. Zollamt; *Gasthaus* beim Förster).

Zum **Plansee** (s. S. 47) von Griesen in 2½ St. durch das *Neidernachtal* (Straße). — Zum **Eibsee** (s. S. 35); 2½ St. bez. Weg nach **Linderhof**, 5 St. (s. S. 45) bzw. **Oberammergau**. Aus dem Neidernachtal *r*. ab über das *Friedergries* zum *Laimeck*, 1048 m, wo Sträßchen von Garmisch über das Ochsenhüttl einmündet, dann am *Seelein* vorbei (weiter *l*. Aufstieg zu den *Frieder-Spitzen*, 2050 m) in die Ellmau, zuletzt *l*. durch das *Ellmauer Gries* zur von Linderhof über Graswang nach Oberammergau oder Ettal führende Straße. — Auf die **Scheilschlicht** (2052 m) 4 St., bez., aussichtreicher Gipfel, aus dem Neidernachtal weiter westl. abgehend.

Die Bahn überschreitet die Tiroler Grenze und führt am *r*. Loisachufer empor zur (18,5 km) H.-St. *Schanz* (*Gastwirtschaft*, Tiroler Wein) und betritt dann den Ehrwalder Talkessel. In der Fahrtrichtung Blick auf die imposante Sonnenspitze und den Silberleitenberg; *l*., kurz vor Ehrwald, Blick auf das westl. Massiv des Zugspitzstockes.

22,6 km Station Ehrwald, 996 m (*Sonnenspitze*, Dorfplatz, nahe der Kirche, 33 Z. mit 60 B., komfortabel, Rest., Garten, Bad, Zh.; *Grüner Baum*, 34 Z., Restaurant, Bad, Garten, gute Küche, Winterbetrieb; *Seebensee*, 3 Z. mit 6 B. v. 1½—2 S., F. 1—2, M. 2½—3, A. 2—2½, P. 7—9 S., Rest., Veranda, gzj., alleiniges Fischrecht im Seebensee; *Schwarzer Adler*, 14 Z., Garten; *Stern*, mit großem Speisesaal. —*Pens. Erika*, 5 Z. mit 11 B. v. 2½—4½ S., F. 1½, M. 3½, A. 2½, P. 8—10½ S., gr. Garten, Bäder, gzj.; *Pens. Wetterstein*, 35 B.; *Alpenrose*, 5 Z.). Ehrwald hat einen der schöngelegenen Bahnhöfe des Gebirges. Von ihm aus überblickt man den ganzen Talkessel mit den Orten Bieberwier, Lermoos, Ober- und Unterdorf Ehrwald. Das in weitem Talkessel schöngelegene Dorf mit 1300 Einw. ist eine besuchte Sommerfrische. Wintersportplatz (Rodelbahnen, gutes Skigelände). Östl. Wettersteingebirge mit Zugspitze, südl. die Miemingergruppe. In der Umgebung 9 Hochalpenseen, in halben oder ganzen Tagestouren erreichbar. PTF. Badeanstalt. Arzt mit Apotheke. Bergführer.

Ehrwald ist Ausgangspunkt der (österr.) **Zugspitzbahn**, die im August 1925 eröffnet werden soll. Auf 3 km langer Autostraße erreicht man die Talstation *Obermoos*, 1224 m, mit den Maschinen- und Wirtschaftsräumen der Schwebebahn. Diese überwindet eine Steigung von 1581 m bis zur Bergstation in 2805 m Höhe auf 9 Spannungen des auf Pfeilern von bis 32 m Höhe gelegten Stahldrahtseiles von 48 mm Stärke. Die geschlossenen Wagen für 1 Führer und 19 Fahrgäste hängen mit starkem Rollenlaufwerk auf dem Tragseil und werden von einem Zugseil gezogen. Während der eine Wagen hinauffährt, fährt der andere auf dem zweiten Seilstrang hinunter. Die Linie hat 3400 m Länge, die Fahrzeit beträgt 16 Minuten, der Fahrpreis 8 ℳ. Die Bergstation liegt etwa 160 m unter dem Zugspitz-Westgipfel im Schutz einer ausgesprengten Felswand. Sie wird durch einen bequemen, gesicherten Fußsteig mit dem Gipfel verbunden.

Ausflüge von Ehrwald: *Gasth. Thörl* (1120 m), ¾ St. nördlich, am Weg zu den Thörlen. — Über die Thörlen zum Eibsee, 3—4 St., s. S. 35. — Durchs *Gaistal* zur (3½—4 St.) *Tillfußalpe*, mit Jagdhaus des 1920 verst. Ludw. Ganghofer (beim Jäger Unterkunft), und nach (2 bis 2½ St.) **Ober-Leutasch**, s. S. 58. — Entweder durchs *Gaistal*, am *Seebenbachfall* vorbei, über die *Ehrwalder* und *Seebenalpe* oder (1 St. kürzer, aber weniger zu empfehlen) von Ehrwald über den *Hohen Gang* (Drahtseile) zum (3¼ St.) *Seebensee* (1650 m); von dort ¾—1 St. aufwärts zum großartig gelegenen ✱*Drachensee* mit der *Coburger Hütte*, 1920 m (gzj. *Wirtsch.*; 20 B., 20 Matr. u. 10 Lager, im Winter geheizte Schlafräume; F., alpine Rettungsstelle; Wintersportgeräte, Schilehrer Reinhard Spielmann. Die Coburger Hütte ist Ausgangspunkt für Bergtouren in die *Mieminger Gruppe*. Vorzügliches Skigelände.

Bergtouren von Ehrwald: Upsberg (*Daniel* 2334 m; näheres s. bei Lermoos), 5 St., bez. Weg; auf der Straße nach Griesen, dann über die Loisach, durch den *Häselgöhrgraben* und über das *Büchsentaljoch*. Aufstieg über die *Duftelalpe* s. bei Lermoos.

✱**Zugspitze** (2963 m; Näheres S. 39): a) 6 St., mit Führer über die (3½ St.) *Wiener-Neustädter Hütte* (S. 41); b) 10—11 St., leichter, über die *Pestkapelle*, das *Gatterl* und die (7¼ St.) *Knorrhütte*. —

Schneefernerkopf (S. 42); direkter Anstieg von Ehrwald (6—7 St.) sehr schwierig, nur für ganz geübte Kletterer; leichter von der *Knorrhütte* (s. S. 42) aus.

Die Bahn wendet sich von Ehrwald nach Westen, überschreitet auf 10 m hohem Viadukt die Loisach und führt quer über den weiten Leermoser Kessel zur (25 km) Station Lermoos (*H. Drei Mohren*, 35 Z. mit 50 B., Rest., Café, Garten, Tennisplatz, Fischereigelegenheit, Bad, Zh., Ah., gzj.; *H. Post*, 50 Z. mit 80 B. v. 2½ S. an, F. 0,7, P. v. 9 S. an, Bad, Rest., Garten, Bad, Zh., Ah., gzj., freie, ruhige Lage, gelobt; *Gasthaus zur Schönen Aussicht*, 5 Z. mit 10 B. v. 2—2½ S., P. 7—8 S., Rest., Café, Garten, gzj.; *Gasth. z. Rose*, am Bhf., 3 Z. mit 6 B. v. 2—2,20 S., F. 0,80—1 S., M. 2—2½ S., A. 1,20—1,80, P. 7—8 S., Café, Garten, gzj., ruhige Lage. —*Zur Loisach*), 995 m, mit 650 Einw., sehr schön auf einer Bergterrasse gelegen; herrlicher Blick auf die steilen Abstürze des Wettersteinmassivs mit der Zugspitze und auf die formenreiche Gruppe des Mieminger Gebirges mit der Sonnenspitze (2414 m) und dem Wanneck (2495 m). Als Sommerfrische und Wintersportplatz sehr beliebt. Arzt. Touristenstandort. Reger Verkehr über den Fernpaß.

Auf den **Upsberg** (*Daniel*; 2342 m), 4½ St. auf bequemem Weg über die *Duftelalpe* (*Wirtsch.*). Vom Gipfel herrliche Aussicht, besonders auf Wetterstein- und Mieminggruppe. Abstieg nach Ehrwald, 3½ St., s. S. 51. Auf den **Grubigstein** (2218 m), 3½ St., nicht schwierig, lohnend. In 2 St. (bez.) zur *Wolfratshauser Hütte*, 1761 m (*Sommerwirtsch.*; 20 Matr.; Winterraum, alpine Rettungsstelle), weiter in 1½ St. zum Grubigstein mit schöner Aussicht. Sehr lohnende Skitour (neu angelegte Abfahrtsbahn),

Von Lermoos über den Fernpaß nach Telfs (10 St.) **und Imst** (8 St.; **Kraftomnibus** in 2¼ St., Eilfahrten in 2 St.)*). — Die Straße führt zunächst südl. nach (25 Min.) **Biberwier** (987 m; *Gasth. u. Pens. Gold. Löwe*, 15 Z. mit 25 B. v. 2—3 S., F. 1,20, M. od. A. 1½—2½, P. 7½ bis 7,80 S., Rest.-Café, Garten, Ah., gzj.; *Grünpein; Glocke; Neuwirt*), mit prächtigem Ausblick auf Wetterstein- und Mieminggebirge; sehenswerte Schmelzöfen. — Von hier durch Wald leicht ansteigend zum *Weißensee* (*l.*) u. *Mittersee* (*r.*), den schönen *Blindsee* r. unterhalb der Straße lassend, zur (1¾ St.) Höhe des ✱**Fernpasses**, 1209 m (*Gasth. Fernpaß; Gasth. zum Fern*, 5 Min. entfernt), einem der schönsten Gebirgsübergänge im bayer.-tiroler Grenzgebiet. Prachtvolle Aussicht. — Die gute Fahrstraße führt in weiten Windungen abwärts (die alte Straße kürzt ab). L. oberhalb der Straße *Schloß* und *Gasthaus Fernstein*, 1007 m, nahe dabei ein neues Schlößchen am schönen, blau-grünen *Fernsteinsee* mit der *Ruine Sigmundsburg*. — Der nächste Ort ist (1¼ St.) **Nassereit**, 843 m (*Post*, 45 Z., gelobt; *Grüner Baum*, am See, 24 Z. mit 40 B. v. 2½—3 S., F. 1,20, M. 3—4, A. 1½—3, P. 8—9 S., Rest., Garten, Terrasse, Bäder, Ah., gzj.; *Traube; Lamm; Stieglwirt*. — Privatwohnungen), großes Dorf mit 1200 Einw. Beliebte Sommerfrische. Touren in die *Mieminggruppe*, auf die *Heiterwand* (2594 m) u. a. — Von Nassereit führen 2 Straßen ins Inntal: 1. Westl. über das

---

*) Näheres in Griebens Reiseführer, Bd. 67: *Nordtirol*.

Mieminger Plateau und *Barwies* nach **Telfs**, 6 St. (Wanderung lohnend.)
2. Südl. durch das *Gurgltal* über *Tarrenz* nach **Imst**, 3½—4 St. (Fahrt vorzuziehen.)

Hinter Leermoos kurzer Tunnel. Ansteigend nach (29 km) *Lähn*, 1128 m (*Gasth. Krone*), Wasserscheide zwischen Loisach (Isar) und Grundbach (Lech). Über den *Grundbach* nach (32 km) **Bichlbach**, 1075 m (*Hirsch*, 4 Min. v. Bhf., 6 Z. mit 12 B. v. 1½ ℳ an, F. 1,20, M. 1½, A. 1,10, P. v. 6 ℳ an, Rest., Café, Garten, Ah., gzj.; ***Post***, 8 B.; ***Traube***, 18 B.), wo das *Berwanger Tal* südwestl. mündet.

Ausflüge und Touren: Auf den **✶Thaneller** (2343 m) 3 St. (nicht schwierig) über (1 St.) *Berwang*; 1336 m (*Kreuz; Rose*). Von hier auf bez. Weg zum *Kampeleplatz* (1717 m) u. zum Gipfel. Für Geübte u. Schwindelfreie über den versicherten „Werner Riezler-Steig" von *Heiterwang* (s. unten) in 3½ St. Prachtvolle Fernsicht. — Von Berwang auf die *Heiterwanger Hochalpe* (1604 m) ¾ St. Abstieg nach Heiterwang s. unten.

Übergang nach *Stanzach* im Lechtal, 5 St.; über Berwang—Rinnen—Kelmen—Namlos.

37 km **Heiterwang**, 992 m (*H. Post*, gut. — *Hirsch*, einf. — *Fischer am See*), 20 Min. vom gleichnamigen See hübsch gelegen, der mit dem *Plansee* (S. 47) durch einen Kanal verbunden ist. *Plansee-Rundfahrt* zum Plansee-Hotel Forelle und Hotel Seespitze, Anschluß an die Züge von Garmisch und Reutte.

Ausflüge und Touren: Am See vorbei über das *Mäuerle* nach *Lähn* 1¼ St. — Zur *Ehrenberger Klause* (S. 55) 1 St. — Auf den **✶Thaneller** s. oben.

Die Bahn durchfährt den 506 m langen *Klausentunnel*. Nahe dem Tunnelausgang *l*. die Reste der *Ehrenberger Klause* (s. S. 55). Die Bahn senkt sich, den Talkessel von Reutte unter prächtigen Ausblicken in weitem Bogen umfahrend, über Hst. *Bad Krekelmoos* (s. S. 54) nach (45 km) *Reutte*.

Reutte.

Hotels: *H. Hirsch*, am Markt, 60 Z. mit 100 B. v. 3—6 S., F. 2, P. 11½—15 S., Rest., Café, Garten, Terrasse, Bäder, Zh., Ah., Abfahrtstelle d. staatl. Autolinie, gzj., Wintersport; ***H. Tiroler Hof***, Bahnhofsplatz, 30 Z. mit 50 B. v. 2½—5 S., P. v. 10 S. an, Café-Restaur., Garten, Bad, Zh., Ah., gzj.; ***Post***, Hauptstr. 82, 40 Z. mit 60 B. v. 2—4 S., F. 1, P. v. 6 S. an, Rest., Café, Garten, Bad, Zh., Ah., gzj., interessantes Fremdenbuch, PT., Fuhrwerke; ***Mohr***, 25 Z. mit 38 B. v. 2—3 S., F. 1½, M. 3, A. 2, P. v. 6 S. an, Rest., Café, guter Tiroler Wein, gzj., gelobt; ***Rose***, einfach bürgerlich, Touristen empfohlen, guter Traminer Wein; ***Schwarzer Adler***, Garten; ***Glocke***, Brauerei. — *Privatwohnungen* durch den *Verschönerungs-Verein*. — *Café Reiter*.

Bäder in *Mühl* (10 Min. nordöstl.; mit Schwimmbad). — **Ärzte** und **Apotheke.** — **DÖAV.** — **VV.** (Wohnungsnachweis).

Sport: *Theater-* und *Musikveranstaltungen, Tennis-, Ruder-, Jagd-* und *Fischereigelegenheit.* — Wintersport: *Schigelände, Rodelbahnen* und *Eissport* (auf dem Plansee und Pflacher See), neue *Sprungschanze.* **Hauptzollamt.** — **PTF.**
KP. u. Kraftomnibus: Vom 1. Juni bis 15. Sept. nach *Ulrichsbrücke* —Füssen—**Hohenschwangau,** 19 km in 1¼ St. (Ulrichsbrücke—Füssen gzj.); Abfahrt Hotel Hirsch. — Vom 1. Juni bis 30. Sept. nach *Tannheim*—**Hindelang** (—*Sonthofen*), 43 km in 3—4 St.; Abfahrt H. Post.
Auto-Eilfahrt von Reutte durch das Lechtal über den Flexenpaß—Arlberg—Fernpaß nach Reutte zurück (190 km an einem Tag).
Stellwagen nach *Plansee*—*Linderhof*—**Oberammergau** bzw. **Garmisch-Partenkirchen.** — **Pferdepost** nach *Elbigenalp*—**Steeg** (Oberes Lechtal; vgl. Griebens Reiseführer, Bd. 181: *Das Allgäu*).

Reutte (854 m), altertümlicher Marktflecken, Sommerfrische und Wintersportplatz, mit 1900 Einw., Bezirkshauptort, liegt in einem breiten, vom *Lech* durchflossenen Talkessel und hängt mit dem Dorf *Breitenwang* (s. u.) zusammen; westl. Dorf *Lech-Aschau* und weiter am Berghang die Ortschaft *Wängle*. — Der Talkessel ist von hohen, schöngeformten Bergen umrahmt, unter denen der *Säuling* (2047 m) im Norden, der *Zwieselberg* (1845 m) und *Tauern* (1865 m) im Osten, der *Thaneller* (2345 m) im Süden und die *Gacht-* (1990 m), *Gehren-* (2164 m) und *Gimpelspitze* (2180 m) im Westen besonders fesseln.

Die Häuser sind vielfach mit Giebeln und Erkern geschmückt und mit Fresken bemalt. *Rathaus* mit Freitreppe, Erker und Wappen. Gegenüber eine stattliche 400-*jährige Linde.* Hübsche Fresken zeigt das „*Schöne Haus*" am *Untermarkt.* Am *Gasthaus Krone* ein *historisches Gemälde*, die Abfahrt Kaiser Josefs II. in einer sechsspännigen Kutsche (29. Juli 1777) darstellend. *Franziskanerkloster* mit *Klosterkirche* von 1628 (1846 erneuert); sehenswerte *Altarbilder.* — *Pfarrkirche* in **Breitenwang** (10 Min. östl.; **Gasth. Kerber**). Eine Erztafel an der Kirche berichtet, daß hier Kaiser Lothar II. auf der Rückreise von seinem zweiten Römerzug gestorben ist (1137). In der *Totenkapelle* sehenswerter *Totentanz* (Bildhauerarbeit).

Spaziergänge und Ausflüge von Reutte: *Wolfsberg,* ¼ St., prächtiger Überblick über den Ort und dessen Umgebung. — *Sündwag,* ¼ St., mit schönen Weganlagen. — *Urisee,* ½ St., über Mühl, sehr schön gelegen (**Gasth.** u. *Pens.* mit schönem Blick über den Reutter Talkessel; Kahnfahrt-, Bade- u. Fischereigelegenheit); weiter zur *Dürrenberg-Alm* (1½ St.) mit Einkehr, Abstieg zum Plansee 3—3½ St. — *Bad Krekelmoos*, 25 Min. (Bahnstat. s. S. 53), stattliches Gebäude mit Fresken. — Über *Breitenwang* auf der Planseestraße südöstl.; hinter dem Bahndurchlaß l. ab über die *Hurt* nach *Mühl* (s. o.), 1 St.

Zu den ✱**Stuibenfällen**, 1—1½ St., über Mühl, Elektrizitätswerk (das die Zugspitzbahn speist) und den in Fels gehauenen, gut versicherten Hermannssteig; dieser führt durch die höchst sehenswerte Klamm am *l.* Ufer der Ache zum *Unteren (kleinen) Stuibenfall* (18 m hoch), dann in ¼ St. zum ✱*Oberen (großen) Stuibenfall*, der in zwei Absätzen 50 m tief herabstürzt, und von hier weiter zur Landstraße, die von Reutte an den *Plansee* (1½—2 St.) führt. Näheres über den Plansee s. S. 47.

Zur **Ehrenberger Klause**, 1¼ St. Die im 13. Jahrh. erbaute Festung war das ganze Mittelalter hindurch der Schauplatz heftiger Kämpfe. (1546 von den Truppen des Schmalkaldischen Bundes, 1552 durch Moritz von Sachsen, 1632 von Herzog Bernhard von Weimar und 1646 von den Schweden belagert; 1703 bayerisch; 1783 geschleift.) Von den alten Paßbefestigungen ist der noch bewohnte *Torbau* gut erhalten. Von hier führt *r.* ein bez. Waldweg zu den *Ruinen* der eigentlichen Festung, die erst hier oben die gewaltige Ausdehnung des Burgbaues erkennen lassen. Weitere Befestigungen auf dem höher gelegenen *Schloßkopf* und dem gegenüberliegenden *Falkenberg*, auch *Hochschanze* genannt (Fort Claudia).

Bergtouren von Reutte: ✱**Säuling** (2050 m), 3½ St. nordöstlich. Weg über *Pflach* — ✱**Thaneller** (2343 m), 4½ St. südl. Sehr lohnend. a) Nicht schwierig. Führer entbehrlich: Bahn bis (13 km) *Bichlbach* (S. 53), von hier westl. nach (1 St.) *Berwang* (S. 53) und nordwestl. auf AV.-Weg in 3 St. zum Gipfel; — b) lohnender, doch nur für Geübte und Schwindelfreie, Führer empfehlenswert: Von Reutte auf der Straße nach Heiterwang bis zum Beginn ihrer Senkung kurz vor *Heiterwang* (S. 53), dann *r.* unter der Bahn hindurch und auf dem bez. steilen „*Werner Riezler-Steig*" (versichert) zum Gipfel.

Ins ✱**Reintal** und **Tannheimer Gebirge** gelangt man entweder über *Musau* (Bahn: 6 km in ¼ St.) und weiter über (2 St.) *Musauer Alpe* zur (³/₄ St.) **Otto-Mayr-Hütte** der AVS. Augsburg oder auf direktem, lohnendem Fußweg (bez.) in 3³/₄ St. über den (1 St.) *Frauensee* zur *Otto-Mayr-Hütte*.

Von Reutte nach **Füssen, Hohenschwangau** und **Neuschwanstein** (—**Linderhof**) s. S. 47/49. — Von Reutte über den *Plansee* nach **Linderhof** s. S. 47.

Von Garmisch-Partenkirchen nach Mittenwald und Innsbruck.

Elektr Eisenbahn, 58 km in 2½—2¾ St. (**östl. Zweig der Mittenwaldbahn**).

Die Bahn führt nach Verlassen des Bahnhofs Garmisch-Partenkirchen am Fuße des Kochelberges ostwärts über die Partnach zur (2 km) Stat. **Kainzenbad** (S. 31), dann im Kankertale, an dessen *r.* Lehne empor zur (7 km) Hst. *Kaltenbrunn*, 856 m (*H. Forellenbauer*), kleine, schön gelegene Sommerfrische; Kreidewerk; (Von hier zum *Gschwandtner Bauer* s. S. 34.) Großartiger Blick auf Wetterstein und Karwendel. — 12 km **Klais**, 952 m (*Gasth. z. Post* [*Schöttl*], am Bhf., eigenes Fuhrwerk, Touristen.

Nach **Ellmau** (1012 m; s. S. 36) Fahrstraße in 2 St.

Zum **Barmsee** (885 m; *Gasth. Barmsee*, 10 Z. mit 20 B., P. v. 4½ *ℳ* an, Seebäder, gzj.), in stiller, aussichtreicher Lage, ½ St. Fahrstraße. Letztere führt weiterhin nach *Krünn*, 874 m (S. 5?) (1 St.), vorher *l*, abbiegend auf Fußweg nach (1½ St.) *Wallgau*, 863 m, beide an der KP.-Straße Mittenwald—Walchensee—Kochel.

Die Bahn wendet sich südöstl., steigt noch bis zur *Schmalseehöhe* (968 m), der Wasserscheide zwischen Loisach u. Isar, und senkt sich dann in Windungen ins Isartal; prächtige Ausblicke auf das Karwendelgebirge und die Soierngruppe. — 18 km *Mittenwald* (Zollabfertigung und Paßprüfung. — *Bahnrestaur.*, gelobt).

Mittenwald.

Hotels: *H. Post*, mit 2 Nebengebäuden, 3 Min. vom Bhf., 100 Z. mit 120 B., Bier- u. Weinrest., Café, Garten, gedeckte Terrasse, Bäder, Zh., Ah., gzj.; *H. Wetterstein*, Innsbrucker Str. 182, 2 Min. vom Bhf., 40 Z. mit 68 B. v. 2—4 *ℳ*, F. 1,30, M. od. A. 1,10—2½ *ℳ*, P. 6—9 *ℳ*, Rest., Café, Diele, Weinstube, Garten, schöne Veranda, Bad, Zh., Ah., gzj.; *Traube*, 2 Min. v. Bhf., schöne Aussicht, 43 Z. mit 80 B., Rest., Café, Garten, Veranda, Bad, Zh., Ah., gzj.; *H.-Pens. Karwendel*, freie Lage, 25 Z. mit 35 B., Rest., Café, Garten, Terrasse, Bad, Zh., Ah., gzj.; *Alpenrose*, 2 Min. vom Bhf., 18 Z. mit 36 B., Weinstube, Garten; *Stern*, in d r Bahnhofstr., sauber; *Zur Brücke*, 17 B., Rest., Café, Veranda, gzj., Schlüssel zur Leutaschklamm; *Am Gries*, einfach.

Pensionen: *Pens. Hoffmann*, Partenkirchener Str., 23 Z. mit 45 B. v. 2½—4 *ℳ*, P. 6—8 *ℳ*, Garten, Bad, gzj., empfohlen; *Fremdenheim Haus Wittelsbach*, Ludwigstr. 325F, am Fuß des Kalvarienberges, 10 Z. mit 15 B., Garten, Veranda, Bäder, Ah., gzj., internationale Küche; *Sonneneck* (v. *Homeyer*); *Villa Neuner*; *Waldpark-Pens. u. Rest. Drachenburg*, 15 Min. v. Ort entfernt, 10 Min. v. Lautersee, 6 Z. mit 10 B. v. 3—5 *ℳ*, F. 1, M. 2, A. 1,20, P. 7—9 *ℳ*, Weinrest., Café, Konditorei, Garten, Terrasse, Bad, gzj., schöne Aussicht, Wintersport.

Restaurants und Cafés: *Bahnrestaur.*; *Café Bauer*; *Isarlust*; *Restaur., Café u. Kondit. Bozener Weinstube*; *Weißbierwirtsch. Mühlhausen*; *Wirtsch. zum Latscheneck*, Kalvarienberg; *Café Raineck*, außerhalb des Ortes.

Kurgebühr: Pro Tag und Person 15 Pf.; Wohnsteuer 10% des Zimmerpreises.

Arzt und **Apotheke.**

Schwimmbad im Lautersee; *Sommersportplatz* in den Isaranlagen; *Tennisplatz*, 10 Min. vom Ort.

Theater im Postkeller.

DÖAV. — **Bergführer:** Kaspar *Kriner* (Obmann); Frz. *Kriner*; Fritz *Löffler*; Math. *Hornsteiner*; Franz *Heiß*. — Führeraspirant: Math. *Schandl*.

Alpine Auskunftstelle der AVS. Mittenwald: Buchdruckerei von *Arth. Neumayer*, geöffn. wochent. 8—12, 2—5, 7—8, Sonnt. 10—12.

Bank: Filiale der *Bayer. Hypotheken- u. Wechselbank*.

Wintersport: Rodelbahn am Raineck, gutes Schigelände am Kranzberg, Schisprunghügel, Eislauf auf dem Lautersee.

KP. über **Walchensee** nach **Kochel** 33 km in 2 St.

Mittenwald (913 m), stattlicher Markt mit 2500 Einw., liegt im oberen *Isartal* in großartiger Gebirgsumrahmung (*l.* Karwendelkette: Wörner, Tiefkarspitz, Viererspitz, Westl. Karwendelspitze, Lindlähne-Kopf, Brunnsteinspitze; südl. Erlspitze, Reitherspitze; *r.* Arnspitze, Grünkopf, die beiden Spitzen der Wettersteinwand, Kranzberg). Der Ort, früher mit Garmisch-Partenkirchen zur Grafschaft *Werdenfels* gehörend, war bis zum Ende des XVIII. Jahrhunderts infolge seiner Lage als Grenzort an der Walchenseestraße wichtiger Handelsplatz, insbesondere nach der Floßbarmachung der Isar und der Errichtung der Walchenseestraße über den Kesselberg direkt nach München um 1500. Heute ist er ein bevorzugter Touristenstandort und wird wegen seiner nebelfreien, gesunden Bergwaldluft als Sommerfrische bevorzugt. Besuchter Wintersportplatz. Die Bauart der kulissenartig stehenden Häuser mit weit vorspringenden Dächern verleiht den Straßen ein eigenartiges, malerisches Gepräge. Die Hausfassaden sind noch vielfach mit Fresken geschmückt. (Besonders beachtenswert die *Fassadenmalereien* vom Mittenwalder *Franz Karner* und Oberammergauer *Franz Zwink*, um 1770 [Neunerhaus Nr. 37, Hornsteinerhaus Nr. 370 usw.].) Prächtige *Pfarrkirche* im Barockstil mit Gemälden von *Ginther*, schöner Kanzel und Turm mit perspektivischen Malereien. Vor der Kirche eine schöne Bronzestatue (von Ferd. von Miller) des Begründers der Mittenwalder *Geigenindustrie, Matthias Klotz* (1653—1743), der in Cremona bei *Amati* die Geigenbaukunst erlernt hatte. Interessant die Instrumentenfabriken von *Neuner* und *Hornsteiner* und *M. Bader*, deren Besichtigung gestattet ist. Wertvolle Sammlungen alter einheimischer und exotischer Saiteninstrumente. Fachschule für Saiteninstrumentenbau.

Schattige **Spaziergänge** zur *Schießstätte* (¼ St.), zum *Kalvarienberg* mit *Wirtsch. Latscheneck* (10 Min.; schöner Rundblick) und am *Burgberg* (oben die *Ederkanzel* mit schönem Blick); schattige *Weganlagen am Rain* jenseits der Isar (Raineckkanzel; *Restaur. Raineck*; Rodelbahn, ca. 1000 m lang).

Ausflüge und leichtere Bergtouren von Mittenwald.

1. **Leutaschklamm**, 20 Min. südl. Am *Zollamt* vorüber; beim Brückenwirt an der Isarbrücke Schlüssel zur Klamm gegen 1 ℳ Gebühr; *r.* ab vor der Brücke schattiger Fußweg; zwischen hohen Felswänden ein 173 m langer Steg, der über der rauschenden Leutasch zu einem 23 m hohen Wasserfall führt; vor der Klamm Steig nach *Unter-Leutasch*.

2. **Unter-Leutasch** (1039 m), 1¼ St., beliebter Ausflugsort in Tirol. Schöne Fahrstraße mit prachtvoller Aussicht, am österr. *Zollamt*, mit

Resten ehem. Befestigungen, und der *Schießstätte* vorbei. *Gasth.* „*Zur Mühle*" und „*Zur Brücke*" (guter Tiroler). Weiter nach *Ober-Leutasch* s. Nr. 10.

3. **Lautersee** (1026 m), ¾ St. westl. Entweder durch die reizvolle *Laintalschlucht*, mit schönem Wasserfall, oben *l.* durch schattigen Buchenwald, oder über den *Kalvarienberg*. Hübscher, waldumschlossener Gebirgssee (Badegelegenheit; Schlüssel in der nahen, beliebten *Wirtsch.*), vom Wetterstein- u. Karwendelgebirge überragt (beste Beleuchtung gegen Abend). Vom *Lautersee* in ¼ St. zum reizvollen **Ferchensee** (1060 m) an den steil abstürzenden Wettersteinwänden.

Weiter nach (1 St.) **Elimau** und von da zum (3½ St.) **Schachen** oder über *Vorder-Graseck* nach (2½ St.) **Partenkirchen** s. S. 36.

4. ✱**Kranzberg** (1392 m), 1½ St. westl., bez. Weg über den *Kalvarienberg* zum Gipfel mit Unterstandshütte der AVS. Mittenwald; sehr lohnende ✱Aussicht (beste Beleuchtung gegen Abend). Unterhalb der Hütte im Sommer bewirtschaftetes *Unterkunftshaus* des Bergführers *Fütterer*. Schattiger Abstieg zum (¾ St.) *Lautersee* (s. oben).

5. **Barmsee** (S. 56), vom Bhf. Klais (S. 55) ½ St. oder von Mittenwald 1½ St. zu Fuß (von der Straße nach Partenkirchen vor km 106 *r.* ab).

6. **Leitersteig** nach **Scharnitz** (S. 61), 2½ St. südl. (blau-rot bez.), schattig und aussichtreich, angenehmer als die Straße, von der man bei der *Isarbrücke l.* abbiegt.

7. **Kälberalpe** (1½ östl.) und **Ochsenboden**: prächtige Halbtagswanderung (im ganzen 4½ St.). Auf der Walchenseer Straße bis zur *Husselbrücke*, hier über die Isar, dann gelb bez. Massige Felspartien, wechselnd mit Hochwald; großartige Aussichten auf Mittenwald und die Gebirgsketten.

8. **Aschauer Alm**, 1 St. nordöstl. (Erfr.). Auf der Walchenseer Straße zur *Husselbrücke*, von hier jenseits der Isar rot-weiß bez. Weg über Wiesen und durch Wald und über die *Aschauer Kapelle*.

9. ✱**Vereinsalpe**, 3—3½ St. nordöstl. und Übergang nach **Vorder-** oder **Hinterriß** (von Mittenwald etwa 8 St.), lohnend. Bis zur (1 St.) *Aschauer Alm* s. oben. Von der *Aschauer Kapelle* (5 Min. von der Alm) *l.* über den *Seinssteg*, dann *r.* bergan oder von der Alm auf dem „Jägersteig" zur (3½ St.) ✱**Vereinsalpe** (1407 m), mit dem *Großherzog-Adolf-Haus* der AVS. Mittenwald, 1400 m (Sommerwirtsch.; 20 Matr., Heulager für 20 Pers.), in prächtiger Lage [zum (3 St.) *Soiernhaus* (*Schöttlkarspitze*) über die *Jägersruhe* und zur *Soiernspitze* s. S. 60].

Von der Vereinsalpe durch das *Fermersbachtal* hinab über die *Brandlalpe* zur (4 St.) *Oswaldhütte* und *l.* (talaus) nach (1 St.) **Vorderriß**. — Von der Oswaldhütte *r.* (talein) 1½ St. nach **Hinterriß** (**Klösterl**) mit Jagdschloß des früheren Herzogs v. Koburg; österr. Zollamt. 20 Min. weiter *Gasth. Alpenhof*. Von hier ca. 7 St. zum *Achensee*: am Rißbach entlang, das Johannestal (S. 63) und das Laliderertal (S. 64) *r.* lassend zur (2 St.) *Hagelhütte*. (Von hier südl. 2 St. durch das Engtal [Großer Ahornboden] zum *Engwirtshaus* [S. 64]). Nun weiter östl. empor über das Plums-Jagdhaus zum (2½ St.) **Plumserjoch**, 1653 m, hinab ins Gerntal und nach (2¼ St.) Pertisau am Achensee.

10. **Leutaschtal** (bis *Ober-Leutasch* 3 St. südwestl.). Bis (1¼ St.) *Unter-Leutasch* s. Ausfl. 2. Weiter, angesichts der imposanten Wetterstein-Südwände, *r.* Öfelekopf und Gehrenspitze, im Vorblick die schöngeformte Hohe Munde, durch die (1 St.) *Untere Gasse* (Aufstieg zur **Mellerhütte**) und *Obere Gasse* (Aufstieg zur Dreitorspitze) nach (½ St.) **Ober-Leutasch**, 1126 m (*Xanderwirt*, einfach), auch *Leutasch-Widum*

Ausflüge und leichtere Bergtouren. 59

genannt, sehr schön gelegenes Dorf, als Sommerfrische beliebt. — ½ St. südöstl. der *Weidacher See* (*Gasth.*) mit Forellenzucht.

Bergtouren von Ober-Leutasch: ***Dreitorspitzen** s. S. 44. — ***Gr. Arnspitze** (S. 60), 4 St., sehr lohnend, bez. Weg. — **Öfelekopf** (2490 m), 4—5 St.; aus dem *Berglental* (nur für geübte Felskletterer). — **Gehrenspitze** (2384 m), 4½ St., aus dem *Puitental* (leicht). — **Hohe Munde** (2661 m), 5 St., recht anstrengend, doch lohnend; über (½ St.) *Leutasch-Platzl* (s. u.) zur (1½ St.) *Moosalpe*. Dann über den Ostrücken zum (3 St.) Gipfel mit hervorragend schöner Rundschau. Abstieg von der Moosalpe nach *Buchen* (s. u.).

Übergänge von Ober-Leutasch: Straße über *Leutasch-Platzl* (s. u.) nach (1¼ St.) *Buchen* (s. o.; einf. **Gasth.**), mit schönem Blick auf das Inntal und hinab nach (1¼ St.) **Telfs** a. Inn. — Von Buchen sehr lohnender aussichtsreicher Weg südöstl. nach (1¼ St.) **Mösern** (S. 64). — Fahrstraße vom Widum am *Weidacher See* (s. o.) vorbei nach (2½ St.) **Seefeld** (S. 64). Ein lohnender Weg führt vom Weidacher See über die ,,*Böden*" nach (2¾ St.) **Scharnitz** (S. 61). — Über die *Meilerhütte* zum *Schachen* und nach **Partenkirchen** s. S. 44.

Von Ober-Leutasch zieht der Ehrwalder Weg östl. über (½ St.) *Leutasch-Platzl* (1175 m), *Plaik* (letzte Häuser der Leutasch) und durch die *Oefen* (Felsenge mit Höhlen, in denen Heiligenfiguren aufgestellt sind) ins *Gaistal*. 1½ St. zur *Tillfußalpe*, 1393 m (s. S. 51, Aufstieg zum Gatterl, zur Knorrhütte und Zugspitze, zum Hochwanner), dann über *Pestkapelle* und *Ehrwalderalpe* (hier *l*. ab Weg zur Coburger Hütte, s. S. 51) nach (3—4 St.) **Ehrwald** (S. 51).

11. Von Mittenwald zum Walchensee und nach Kochel (KP. s. S. 56) Straße im Isartal nordwärts nach (7,5 km) **Krünn** 875 m (*Post; Schöttlkarspitze*, 7 Z. mit 15 B. v. 1,20—1½ ℳ, F. 0,70, M. 1—1,30, A. 0,90 bis 1,20, P. v. 4½ ℳ an, gzj.), 10 Min. östlich die Wasserfassung der Isar für das Walchenseekraftwerk, *Wehrkrone*, 870 m. Von Krünn über die *Fischbachalpe*, im Sommer *Wirtsch.*, 1303 m, und auf dem Lakaiensteig *r*. vom Reitsteig zu den *Soiernseen*, 1562 u. 1552 m (*Soiernhaus*, unbewirtsch.; 12 Matr.), weiter auf die (5 St.) **Schöttlkarspitze**, 2050 m (s. S. 60). — Von Krünn 1 St. nach *Barmsee* und *Klais* (S. 55).

Bei (9 km) **Wallgau**, 863 m (**H. Post** [*Neuner*], 15 Z. mit 25 B. v. 1½—2½ ℳ, F. 1, M. 1—2, A. 0,80—1½, P. 6—7 ℳ, Garten, Bad, Ah., gzj., auch zu längerem Aufenthalt geeignet; gut; **Zur Klause** [*Isartal*]) zweigt nordöstlich eine Straße ab nach (3 St.) *Vorderriß*, 809 m (*Post*, einfach, Fischereigelegenheit) mit Jagdschloß. 3 St. nach *Hinterriß*, 946 m [s. S. 58]; Straße über Fall, Lenggries (Eisenbahn) und nach Bad *Tölz*. Die Staatsstraße führt nördl. weiter über (16 km) *H. Einsiedl*, am Walchensee (40 Z. mit 65 B. v. 1,80—3 ℳ, F. 1,20, M. 1,30, A. 1,20, P. 7—8 ℳ, Rest., Café, Garten, Bad, Ah., gzj.) zum ***Walchensee**, dann über den ,,Katzenkopf" und am Seeufer entlang zum idyllisch gelegenen (19 km) *Dorf Walchensee*, 802 m (*Post*; von hier 2¼ St. auf den Herzogstand, s. unten); weiter am Westufer des Sees nach (24 km) **Urfeld** (*H.* ,,*Post*" u. ,,*Jäger am See*", 60 Z. mit 110 B. v. 3 ℳ an, F. 1¼, P. v. 8 ℳ an, Garten, Bad, Zh., Ah., gzj.; *H. Fischer am See*, 35 Z. mit 70 B. v. 2—4 ℳ, P. 8—10 ℳ, Bad, Rest., Garten, gzj.). Von hier Ableitung des Seewassers durch ein Einlaufwerk mit Rechen und Schleußen in den 1 km langen Stollen zum Wasserschloß des **Walchenseewerkes**. Von diesem führen 6 Rohrleitungen mit rd. 200 m Gefälle das Druckwasser auf die Turbinen des Kraftwerkes am Nordfuß des Kesselbergs bei Altjoch. Die gewonnene elektr. Kraft beträgt 25000 Pferdestärken im Durchschnitt. Sie wird als Licht- und Kraftstrom in die Leitungen des sog. Bayern-Werkes abgegeben und dient auch dem elektr. Bahnbetrieb einiger Hauptlinien.

Von Urfeld Hauptaufstieg zum (2¾ St.) **Herzogstand,** 1732 m, ½ St. mit Pavillon und weiter Alpenaussicht, namentlich auf den Karwendel; dann Stubai, Sellrain und bis zum Großglockner. Unter dem Gipfel die **Herzogstand-Häuser,** 1575 m, der AVS. München (85 B., 15 Matr., ganzjährig bewirtschaftet), in prachtvoller Lage mit Blick südl. auf Walchensee, nördl. auf Kochelsee. Von den Unterkunftshäusern je 15 Min. auf *Fahrenbergkopf* und *Martinskopf* sowie Abstieg nach Walchensee oder über die *Kaseralpe* nach *Ohlstadt* (S. 23); dahin auch über den schwindeligen, aber mit Drahtseil versicherten Westgrat und über den **Heimgarten,** 1790 m.

Von Urfeld steigt die Straße in Windungen zur Höhe des Kesselberges und senkt sich dann, schöne Blicke auf Kochelsee und Ebene gewährend, in vielen Kehren (die alte Straße kürzt ½ St.) nach (33 km) **Kochel,** 605 m, *Bahn-H. u. Rest. (Stögers Gasth.),* am Bahnhof, Z. v. 1,80—2,40 ℳ, gelobt; *Post; Prinz Ludwig,* 40 Z. mit 60 B. v. 1— 2½ ℳ, P. 5—6 ℳ, mit Garten und Veranden, Ah. gzj.; *Zum Schmied von Kochel,* — **See-H. u. Pens. Grauer Bär,** am See, ½ St. v. Bhf., 55 Z. mit 90 B. v. 2½—4 ℳ, F. 1, M. od. A. 1,20, P. 6½—8 ℳ, Rest. Café, Garten am See, Bäder (auch Seebäder), Zh., Ah., gzj.; *H. Bad Kochel,* ¼ St. vom Bhf., mit natronhaltiger Quelle; *Gasth. Kesselberg).*

Hochtouren von Mittenwald.

12. **Brunnensteinspitze** (2181 m), 4 St. südl., unschwierig und lohnend, Führer nicht nötig. Zum (1½ St.) *Leitersteig* s. Ausfl. 6, dann rot bez. Weg über die (¾ St.) *Schäferhütte* und den *Brunnensteinanger* zum (1¾ St.) Gipfel.

13. **Westliche Karwendelspitze** (2385 m), 4—4½ St. östl., sehr lohnend. Führer für Ungeübte notwendig. Über den Isarsteg, dann auf bez. schattigem Weg in 2 St. zur **Mittenwalder Hütte** (früher *Karwendelhütte*) der AVS. Mittenwald, 1510 m (*Sommerwirtsch.*; Heulager für 10 Pers.; Winterraum); von hier versicherter Felssteig in 2—2½ St. zum Gipfel, mit großartiger Aussicht.

14. Touren von der Hochlandhütte (östl.): Von Mittenwald zur (1½ St.) *Kälberalpe* s. Ausfl. 7. Weiter zur (1½ St.) **Hochlandhütte** der AVS. Hochland-München auf der *Oberen Kälberalpe,* 1630 m (unbewirtschaftet; Schlüssel für AV.-Mitgl. im Forstamt Mittenwald und bei Oberinspektor Nüchtern [am Bhf.]; 14 Matr.; Winterraum), am Fuß der gewaltigen Nordwestabstürze des Wörner, mit Kreuz zum Gedächtnis der im Weltkrieg gefallenen Sektionsmitglieder. Von hier auf den **Wörner** (2477 m) in 2½ St., schwierig, für Geübte sehr lohnend. — Schwierige Besteigungen ferner: *Großkarspitze* (2425 m), *Tiefkarspitze* (2431 m; 4 St.), *Kaltwasserkarspitze, Viererspitze* und *Karwendelspitzen.*

15. ✱**Schöttlkarspitze** (2050 m; Aufstieg von *Krünn,* s. S. 59), 7¾ St. nordöstl. Über die (3½ St.) *Vereinsalpe* (s. Ausfl. 9) zum (1 St.) *Jöchl* (1788 m) und östl. um die Soiernspitze herum zur (1 St.) prächtigen *Jägersruhe* (1897 m), dann hinab zu den *Soiernseen* und zum (2 St.) *Soiernhaus* (S. 59), von da zum Gipfel (1½ St.) mit unbew. AV.-Hütte der Sektion Hochland. Sehr lohnende Rundsicht. — **Soiernspitze** (2259 m). 6 St. nordöstl. über die *Vereinsalpe* zum (4½ St.) *Jöchl* (s. o.), dann 1½ St. zum Gipfel mit lohnender Aussicht.

16. ✱ **Große Arnspitze** (2197 m), 4½ St., südl., etwas anstrengend, doch nicht schwierig und sehr lohnend; Führer entbehrlich. Gut bez. Weg über die (2 St.) *Riedbergscharte* (1447 m) und an der *Unterstandshütte* der AVS. Hochland-München vorbei. Abstiege nach *Unterleutasch*

Scharnitz-Seefeld-Innsbruck

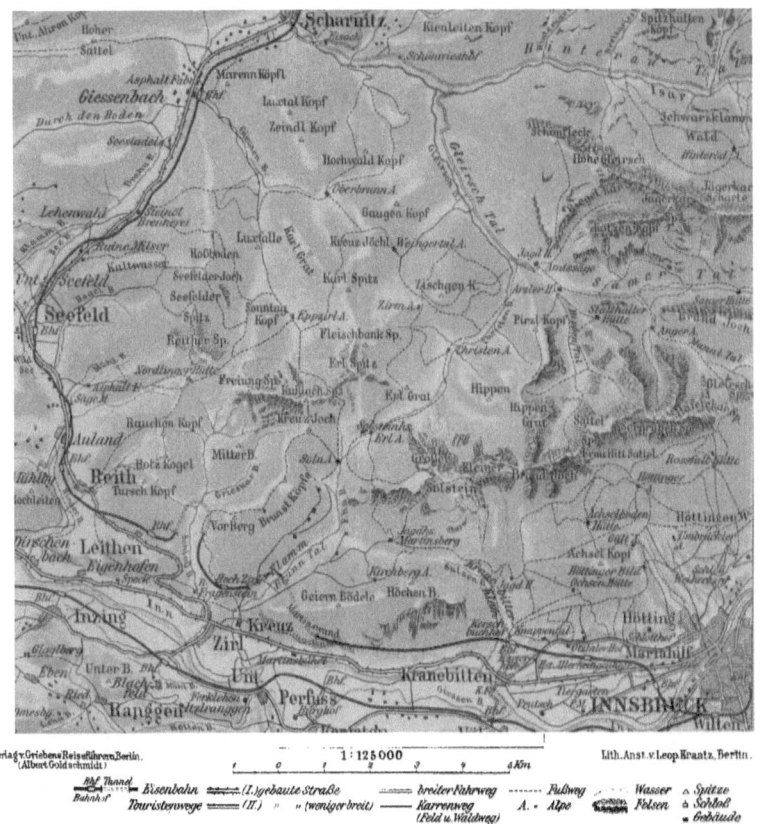

und nach *Scharnitz*. — Der Übergang von der großen zur Mittleren Arnspitze sowiez ur *Arnplattenspitze* ist schwierig.

17. ✱**Dreitorspitzen** und ✱**Zugspitze:** über *Ober-Leutasch* s. Ausfl. 21, S. 44; über *Ellmau* und den *Schachen* s. Ausfl. 8 u. 16 und S. 36 u. 38.

Die **Mittenwaldbahn** führt im zunächst weiten Isartal südlich mit schönen Blicken auf Karwendelgebirge, Wetterstein und Arnspitzen, bald über die Tiroler Grenze, wo die Berge des Karwendels (*l*.) und der Arnspitzengruppe (*r*.) dicht aneinander treten, so daß für Isar, Bahn und Straße nur ein schmaler Durchgang verbleibt; — *r*. die Trümmer der *Porta Claudia* (s. S. 62).

24 km **Scharnitz**, Grenzbahnhof, 963 m *(Goldener Adler*, am Eingang zum Karwendeltal, 36 Z. mit 45 B. v. 1,80—3 S., F. 1½, M. 2—3, A. 1½—2½, P. 8—12 S., Rest., Garten, Bad, gzj., gut; *Blaue Traube*, neben Zollamt, 11 Z. mit 22 B., Café, Rest., Weinstube, Garten, Bad, Ah., gelobt; *Neuwirt*, gelobt); Hauptausgangspunkt für Touren ins Karwendelgebirge.

Das **Karwendelgebirge**, (der Name, ursprüngl. *Gerwendel*, stammt wahrscheinlich von dem Besitzer des Talbodens in alter Zeit) gliedert sich in vier Hauptketten, deren längste, der ,,Hinterautal-Vomper Kamm", eine Ausdehnung von etwa 35 km hat, wovon 26 km auf den eigentlichen Kammverlauf entfallen. Drei von den Haupttälern dieser ausgedehnten Felsgebirgsgruppe münden bei Scharnitz. Ihnen entfließen die Quellbäche der *Isar*, die sich kurz vor Scharnitz vereinigen. Der noch wilde Bergfluß biegt hier scharf nach Norden und strömt, diese Richtung im allgemeinen beibehaltend, der bayerischen Hauptstadt zu. Das Karwendelgebirge, das im Westen und Norden vom Isartal, im Osten vom Achental (u. Achensee), im Süden vom Inntal begrenzt wird, bildet einen Teil der *nördlichen Kalkalpen*, deren Gipfel und Grate wegen der starken Verwitterung, der das Gestein ausgesetzt ist, eigenartig wilde Formen zeigen. Sie weisen in den tieferen Lagen eine reiche, interessante *Flora* auf. Unter den nackten Wänden und riesigen Geröllhalden wachsen in reichlichster Menge kräftige, harzduftende Latschen (Krummholz), die mit zunehmender Tiefe in ausgedehnte Nadelholzwaldungen übergehen; noch tiefer findet man ab und zu auf ebenen Böden zerstreute Ahornbestände mit oft sehr malerischen einzelnen Baumexemplaren. Jenseits der Grenze, in Tirol, fallen die schönen Lärchenwälder auf. Die Berge sind großenteils im touristischen Sinne schwierig und vielfach nur geübten Kletterern als Ziel zu empfehlen. Auch die verhältnismäßig leichten Gipfel des Karwendelgebirges sind meist nur mangelhaft markiert und weglos, so daß dem Fremden die *Mitnahme eines Führers* dringend anzuraten ist. Das Karwendelgebirge zeigt einen großen Gemsenreichtum und war ein Dorado der Hochgebirgsjäger.

Ausflüge und Bergtouren von Scharnitz: ¼ St. **Kaiser-Franz-Josefs-Warte** bei der *Porta Claudia*. Diese Porta (Engpaß), zur Römerzeit *Scarbia* genannt, als Station an der Straße von Augsburg nach Italien zwischen Parthanum (Partenkirchen) und Veldidena (Wilten-Innsbruck), erhielt den Namen von der Witwe Herzog Leopolds V. von Tirol, Claudia von Medici, die im Dreißigjährigen Kriege den Paß stark befestigen ließ. 1805 verteidigten 500 Tiroler den Engpaß gegen die Franzosen unter Marschall Ney. Sie wurden auf einem Seitensteig, dem von Ferchensee (S. 58) über einen Ausläufer des Wettersteins zur Leutascher ,,Schanz'' führenden ,,Franzosensteig'' umgangen. Von den hierauf gesprengten Befestigungen sind noch spärliche Reste zu sehen. — ¼ St., am Ostabhang des Arnspitzenstockes, der **Kalvarienberg** mit malerischer Talübersicht. — Über die ,,Böden'' nach Leutasch, s. S. 59, 4 St.; auf die Große Arnspitze s. S. 60.

Ins Gleirschtal. Von Scharnitz auf Fahrweg an der Isar entlang durch das Hinterautal (s. unten) bis gegenüber der (1 St.) Mündung des Gleirschbaches; hinab zur Isar, am anderen Ufer empor und südl. durch das Gleirschtal zur (2 St.) **Amtssäge**, 1193 m, schön gelegen. Von hier aus werden erstiegen: 3 St. **Hoher Gleirsch**, 2493 m; 6 St. **Jägerkarspitzen**, 2608, 2638 und 2600 m; 5 St. **Katzenkopf**, 2533 m, sehr schwierig. Von der Amtssäge durch das Zirler Christental zur (½ St.) *Christenalpe*, 1355 m, und zum (1½ St.) **Erlsattel**, 1800 m, der die südl. Karwendelkette (Solsteinkette) von der Seefelder Gruppe trennt. Hier das ***Solsteinhaus*** der AV.-Sektion Innsbruck (s. 66), Hauptstützpunkt für die Ersteigung des (2 St. südöstl.) **Großen Solstein**, 2542 m, mit großartiger Aussicht. Abstieg über das Jagdhaus *Martinsberg* zur (4 St.) Station *Hochzirl* (S. 66). Übergang vom Großen zum (östl.) *Kleinen Solstein* (2641 m; letzterer schwieriger) 1½ St. Vom Solsteinhaus 2 St. nördl. *Erlspitze*, 2415 m; Abstieg (schwieriger) nördl. zur (1 St.) Erlsattel und weiter zur *Eppzirler Alpe*, 1700 m. Vom Erlsattel über die *Solenalpe* zur (1¾ St.) Station *Hochzirl*, S. 66. Von der Amtssäge nach Innsbruck: a) südl. durch das Hippental, z. T. schwierig auf Eisenstiften zum (3½ St.) *Frauhittsattel*, 2234 m (hier ragt der nur für sehr geübte Felskletterer zu ersteigende, 38 m hohe *Frauhitt-Felsen*, das Wahrzeichen der Stadt Innsbruck, auf), auf das Brandjoch und hinab über die *Höttinger Alpe*, 1451 m, nach (3 St.) *Innsbruck*; — b) östl. durch das Samertal auf verfallenem Saumweg, unlohnend zur (2 St.) *Pfeisalpe*, 1947 m, keine Unterkunft, und südwestl. auf die (1 St.) *Arzler Scharte*, 2162 m. Von hier (1 St. östl. auf die *Rumerspitze*, 2460 m) hinab in 3 St. nach *Innsbruck*. Von der Pfeisalpe (s. oben) steigt man auch über das (1 St.) *Stempeljoch*, 2218 m, zum (1½ St.) *Haller Salzbergwerk*; von da 2 St. nach *Hall* (S. 73).

Ins Hinterautal: Im *r.* Isarufer wie oben über den Karwendelbach bis (1 St.) gegenüber der Einmündung des Gleirschbaches (s. oben); dann östl. weiter in großartiger Landschaft zum (3 St.) *Jagdhaus im Kasten*, 1242 m; in der nahen Kastenalpe Erfrischungen. Von hier aus ersteigt man in 5 St. durch das Birkkar die **Birkkarspitze**, 2756 m, den höchsten

Ausflüge und Bergtouren von Scharnitz.

Gipfel des Karwendelgebirges. Abstieg zum Karwendelhaus (s. unten). Vom Kasten lohnt ein Ausflug in das von Osten mündende wilde *Roßloch*. Das Hinterautal setzt sich südöstl. fort als *Lafatscher Tal*. Durch dasselbe über die Lafatscheralpe und die Kohler-Alpe zum (2 St.) neuen **Haller Anger-Haus** (ca. 1800 m) der AV.-Sektion Schwaben (Stuttgart) mit guter Sommerwirtschaft und reichlicher Schlafgelegenheit, am Nordwestgratfuß der Speckkarspitze, an Stelle der 1914 durch Lawinen zerstörten Hütte an der anderen Talseite erbaut. Von hier ersteigt man in 1 St. (mark.) den *Suntiger*, 2149 m (ganz leicht; am Weg ein Denkmal für den in diesen Bergen verunglückten Alpinisten Melzer); in 3 St. über das Lafatscher Joch zur **Speckkarspitze**, 2623 m und über das Joch und die (2½ St.) *Bettelwurfhütte*, 2250 m der AV.-Sektion Innsbruck, in 4 St. zur **Großen Bettelwurfspitze**, 2725 m. Von der Bettelwurfhütte Abstieg in 2¾ St. nach *Hall* im Inntal (S. 73). Weitere Gipfeltouren vom Haller Anger-Haus: 3½—4 St. *Kl.* u. *Gr. Lafatscher*, 2525 bzw. 2702 m (mäßig schwierig, Verbindung beider sehr schwierig); — 6 St. *Vord.* u. *Hint. Bachofenspitze*, 2605 bzw. 2673 m; — 3 St. *Haller Angerspitzen*, 2337 m; — 2 St. *Gamskarlspitze*, 2537 m (leicht); — 7 St. *Grubenkarspitze*, 2662 m (mäßig schwierig), aus dem Vomperloch; — 8 St. *Südliche* und *Nördliche Sonnenspitze*, 2675 u. 2693 m (mäßig schwer, anstrengend), vom Jagdhaus im Kasten; — 8 St. *Kaltwasserkarspitze*, 2734 m (schwierig) von der Kasten-Alpe. — Vom Haller Anger-Haus zum Inntal: a) Über das (1 St.) *Lafatscher Joch*, 2077 m, zum Issanger und über das (1¼ St.) *Salzbergwerk* durch das Halltal nach (2 St.) *Hall* (S. 73); — b) östl. zum *Überschall*, 1914 m, dem flachen Sattel zwischen Speckkarspitze und Gamskarspitze, mit schöner Aussicht (Zugspitze), und durch das wildromantische ✱**Vomperloch** (mark.), und zwar über den Knappensteig und die Pfauenschmiede, nach (8 St.) *Schwaz*, an der Bahn Innsbruck—Kufstein.

Ins Karwendeltal. Vom Hinterautaler Weg (s. oben) *l.* ab am *r.* Ufer des Karwendelbaches hinan zum (2 St.) *Jagdhaus „im Larchet"*, 1150 m. Von hier durch das Großkar auf den (5½ St.) **Wörner**, 2477 m (s. S. 60). — 5 St. **westliche Karwendelspitze**, 2385 m, Abstieg nach Mittenwald (S. 60). Vom Larchet weiter talauf zur (1 St.) *Anger-Alpe*, 1294 m, und in Serpentinen zur (1½ St.) *Hochalpe*, 1689 m: 5 Min. darüber das **Karwendelhaus**, 1790 m, der AV.-Sektion „Männer-Turn-Verein München" (Sommerwirtschaft, 45 Betten, 50 Matratzen). Von hier 2¾ St. auf die **Vogelkarspitze**, 2529 m. — 3 St. **östliche Karwendelspitze**, 2539 m. — 3½ St. **Birkkarspitze**, durch das Schlauchkar (versicherter Steig) zum Schlauchkarsattel, 3 St.; auf der Südseite des Grates zum (½ St.) Gipfel. Vom Sattel Abstieg ins *Hinterautal*; — ferner werden u. a. erstiegen: *Große* und *Kleine Seekarspitze*, 2682 und 2624 m, *Marxenkarspitze*, 2644 m, *Ödkarspitzen*, 2715, 2747 und 2744 m. Vom Karwendelhaus ¼ St. zum **Hochalpsattel**, 1804 m, mit prachtvoller Aussicht auf die westl. und östl. Karwendelgipfel. Hinab in 1 St. zum *Ahornboden*, 1398 m, mit dem Denkmal für den touristischen Erschließer des Karwendels, *Hermann von Barth*, und durch das *Johannestal* nach (2 St.) *Hinterriß* (s. S. 58). Talaus über die *Oswaldhütte* (S. 58) nach *Vorderriß* (S. 58). — **Vom Karwendelhaus ins Inntal.** ¼ St. zum Hochalpsattel, 1804 m, und hinab zum *Kleinen Ahornboden* (s. oben); von hier südöstl. zur (1 St.) *Ladizalpe*, 1574 m (von hier sehr schwierige Besteigung des *südlichen Falken*, 2348 m, und des *Lalidrer Falken*, (2411 m), dann Steig zum (1½ St.) *Spielistjoch*, 1776 m, am Fuße der imposanten *Laliderer Wand* (senkrechter Absturz etwa 1300 m. Nö. hiervon am *Spießkopf*, die (1850 m) **Falkenhütte** der AV.-Sekt. Oberland, 66 Matr., Sommerwirtschaft. Ausblick a. d. mittl. Karwendelkette und Risser Falken. Stützpunkt für Touren in d. Falken-Gruppe und südl. Hauptgipfel. Auf Schutt reisse von hier zum (½ St.) *Hohljoch* (1759 m) und nordöstl. hinab zum (1¼ St.) in Touristenkreisen berühmten **"Engwirtshaus"**, 1198 m, in ✻großartiger Lage. (Nach Hinterriß S. 58.) Von der "Eng" südöstl. hinan zur (1½ St.) *oberen Binsalpe*, 1472 m, und weiter zum (1½ St.) *Lamsenjoch* mit der **Lamsenjochhütte**, 1974 m, der AV.-Sektion Oberland-München (Sommerwirtschaft, 12 Z., 29 Betten, 23 Matratzen; im Nebengebäude 38 Matratzen), Stützpunkt für die Ersteigung der (3½ St.) prächtigen **Lamsenspitze**, 2501 m. Von der Hütte hinab durch das *Stallental*, 1328 m (evtl. mit ½ stündigem Umweg über das Kloster St. Georgenberg) und über *Kloster Fiecht* nach (3½ St.) *Schwaz* im Inntal, 12 St. vom Karwendelhaus. — Von der Ladizalpe (s. oben) führt eine schöne Route östl. über das (½ St.) *Ladizer Jöchl*, 1829 m, durch das romantische Laliderer Tal ins Rißtal und nach (3 St.) Hinterriß (S. 58). — Vom Engwirtshaus gelangt man, zunächst den Lamsenjochweg bis zur unteren Binsalpe benützend, hier *l.* ab zum (2¼ St.) *Grammaijoch*, 1903 m; dann durch das Falzturntal nach (2½ St.) *Pertisau* am Achensee.

Die **Mittenwaldbahn** fährt von Scharnitz ansteigend südwestlich durch Wald mit schönen Ausblicken zur (25,7 km) Hst. *Gießenbach*.

Von hier ins *Eppzirler Tal*. Bez. Weg steil hinan ins Gießenbachtal und zur (2½ St.) *Eppzirler Alpe*, mit großartigem Felsenzirkus (s. S. 65).

Die Bahn verläßt den Wald — großartiger Blick auf *r.* Arnspitzen, Mieminger Kette, vorn Inntaler Gebirge, *l.* Seefelder Dolomiten — und erreicht

34 km Station **Seefeld**, 1176 m (*H. Post*, am Bhf., 24 Z. m. 48 B. v. 2—2½ *M.* Café, Rest., Bar, Garten, Bad, Zh., Ah.; *Kurheim* (*Seefelder Hof*), am Ausgang des Hermanntales, 14 Z. mit 20 B., Café, Rest., Garten, Bad, Zh.; *Karwendelhof*, am Bhf.; *Klosterbräu*, mit altem Bräustübchen; *Gasth. z. Lamm*, Hauptplatz, 26 Z., Garten, Bad; *Stern. Pens. Hermanntal*; *Wetterstein*, 50 B.; *Wanners Fremdenheim*. — *Restaur. Schloßberg*), in prächtiger Lage, auf einer Hochfläche (Wasserscheide zwischen Inn und Isar), von Tannenwäldern umgeben; sehr beliebte Sommerfrische. Schöne gotische Kirche, angeblich von Herzog Friedrich IV. (1382—1439) gestiftet; im Bogenfeld des prächtigen Portals Sandsteinreliefs, das eine die Geschichte des Ritters Oswald von Milser darstellend, die im Innern der Kirche auf einer Tafel am granitenen Altar (aus einem erratischen Block) in 12 Sprachen wiedergegeben ist. In der Nähe ein Ichthyolwerk. Das Ichthyol wird aus den an der Reitherspitze gewonnenen bituminösen Steinen hergestellt. — Kleiner See mit Badegelegenheit.

Ausflüge: Straße über (2 St.) *Unter-Weidach* (**Gasth. z. See**) und am *Weidacher See* (Forellenzucht) vorbei nach (½ St.) **Ober-Leutasch** (S. 58). — 1¼ St. nach **Mösern**, großartigste Aussicht in das Inntal; von der Leutascher Straße *l.* ab und zur (¼ St.) **Seekapelle**, einer durch

Erzherzog Leopold V. 1628 errichteten Rotunde, die ein Wunderbild „mit wachsenden Haaren" birgt. Von der Kapelle 1 St. zum hübschen Weiler *Mösern*, 1204 m (*H.-Pens.* **Menthof,** herrliche Lage, 20 Z. mit 30 B. v. 11—14 S., Rest., Café, gr. Garten, Bäder, Ah., gzj., neu eröffnet Juni 1925; *Pens.* **Bergsee**), mit prächtigem Blick auf Oberinntal und Solsteinkette; 10 Min. v. Mösern waldumrahmt r Bergsee; weiter westl. über Bairbach nach (2 St.) *Telfs* a. Inn (Arlbergbahnstation). Von Mösern nach Buchen 1¼ St. s. S. 59.

Bergtouren: Reitherspitze, 2375 m, 3¾ St.; sehr lohnend und leicht. (Aufstieg von Stat. Reith bequemer.) Auf der Zirler Straße am (r.) hübschen *Wildsee* vorbei, dann *l.* ab zur Ichthyolfabrik und (Mark.) *l.* steil empor zur (3¼ St.) **Nördlinger Hütte,** 2187 m (Sommerwirtsch., 2 Betten, 16 Matratzen) auf dem aussichtreichen Gipfel mit berühmter Rundsicht. Abstieg in ca. 2 St. nach Reith (s. unten). Von der Hütte Abstieg über das Sonntagsköpfel zur (1 St.) *Eppzirler Alpe* (s. unten).

Ins Eppzirler Tal. Nördlich über den Schloßberg, dann hinab zum Gießenbach und im Eppzirler Tal auf dem H.-St. *Gießenbach* (s. S. 64) kommenden Wege hinan zur (3½ St.) **Eppzirler Alpe,** 1475 m, in großartiger Bergumgebung gelegen. Von hier ersteigt man: *Moderkarspitze,* 2208 m, — *Weingärtthalerspitze,* 2140 m, — *Modereck,* 2195 m, zusammen einen mäßig-schwierigen Grat bildend; — ferner *Fleischbankspitze,* 2219 m, — *Erlspitze,* 2415 m (S. 62), — *Freiungspitze,* 2325 m, und andere Gipfel der sogenannten „Seefelder Dolomiten". Zur Nördlinger Hütte, s. oben. — Von der Eppzirler Alpe ca. 2 St. zur **Eppzirler Scharte,** 2093 m, zwischen Erlspitze und Freiungspitze. Von der Scharte hinab über die Solen-Alpe, wo der Steig vom Solsteinhaus (S. 66) herabkommt, zur (2 St.) Station *Hochzirl* (S. 66). — Von Seefeld 3 St. auf die **Seefelderspitze,** 2210 m.

Die Bahn führt in südlicher Richtung, prächtige Blicke auf das Inntal und die „Kalkkögel" gewährend, am Wildsee vorbei zur (37 km) Hst. **Reith,** 1130 m (*Gasth.* **zur schönen Aussicht,** 14 Z. mit 22 B. v. 2—3 S., F. 1, M. 2—3, A. 2, P. 8½—9½ S., Rest., Café, Konditorei, mit aussichtreicher Veranda, Zh., gzj.; *Weißes Rössl*). Von hier aus ersteigt man in 3½ St. die ✶**Reitherspitze** über die *Nördlinger Hütte* (s. oben).

Hinter Reith beginnen die hervorragendsten Kunstbauten der Mittenwaldbahn, die sich nun nach Passieren des 90 m langen *Gurgelbachviaduktes* südwärts gegen das Inntal senkt (stärkstes Gefälle 35⁰/₀₀). 40 km Hst. *Leithen* (*Gasth.*).

Von Leithen führt die von Mittenwald kommende aussichtreiche Straße in großen Serpentinen an der „*Absatzkapelle*" (unterhalb dieser der abkürzende Schloßweg für Geübte an Ruine Fragenstein vorüber) vorbei nach (1 St.) **Zirl,** 620 m (*Post,* 30 Z. mit 48 B., F. 1, M. 2½ bis 3½, A. 1½—2½, P. 8—10 S., Rest, Garten. Bäder, Ah., gzj.; **Gold. Löwe,** 24 Z., Bad, Rest., 4 gr. Terrassen; **Steinbock; Zum Kögl**), einem schön am *l.* Innufer gelegenen Dorf, das 1908 fast vollständig niederbrannte. 20 Min. jenseits der Innbrücke die *Arlbergbahnstation Zirl,* ½ St. oberhalb der Seefelder Straße die malerische *Ruine Fragenstein.* Hier hauste der Sage nach einst ein mächtiges Riesengeschlecht. Auch sollen reiche Schätze in irgendeinem nahen Felsspalt verborgen sein. — 20 Min. ostwärts von Zirl die fast senkrecht aufragende **Martinswand,** 1130 m. Von der Reichstraße nach Innsbruck, jenseits der Brücke, führt ein guter, zum Teil durch Drahtseil und Geländer versicherter Steig zur **Maximiliansgrotte** (759 m) mit hohem Kreuz und lebensgroßen Statuen, Maria und Johannes darstellend, zur Erinnerung an die Rettung Kaiser Maximilians I., der sich hier bei einer Gemsjagd verstiegen hatte.

Die Bahn passiert den 48 m langen *Kaiserstandsviadukt*, dann den 56 m langen *Schloßbachviadukt* und den 720 m langen *Schloßbachtunnel*, dann 4 *Tunnels* durch den *Vorberg* (die offenen Zwischenräume bieten überraschende, malerische Tal- und Gebirgsbilder, Ausblicke auf Serlesspitze, Kalkkögel und Patscherkofel).

44 km Station **Hochzirl** (*Gasth. Kaiser Max*, am Bahnhof, schöne Fernsicht, Bäder, gute Unterkunft), ca. 920 m auf hübschem, waldreichen Plateau, mit schöner Aussicht innauf und -abwärts; unten die *Ruine Fragenstein* (½ St. entfernt) und auf vorspringendem Felseck das uralte *Kalvarienkirchlein* der Gemeinde Zirl, mit dem „Christus im Kerker", den die Legende langer Jahrhunderte mit ihrem Märchenkranz umflochten hat. ½ St. über dem Bahnhof die Heilstätte *Hochzirl* in schöner, geschützter Lage.

Hochzirl ist Touristenstation für den *Großen* und *Kleinen Solstein* und das *Solsteinhaus*. Von der Station geht man nordostwärts über die „Zirler Mähder" (Wiesen) zum (3 St.) *Jagdhaus Martinsberg*, 1610 m, dann auf guten Steigen (Alpenvereinsweg und „Schützensteig") in ca. 3½ St. auf den ✱ **Großen Solstein**, 2542 m (S. 62); etwas weiter und schwieriger der **Kleine Solstein**, 2641 m. — Zum (5 St.) **Solsteinhaus** der AVS. Innsbruck am *Erlsattel*, 1804 m (15 B., 45 Matr., gute Sommerwirtschaft), auf Karrenweg durch Wald zur Solsteinalpe und in 1 St. zum Haus. Von hier in 2 St. zum Gr. Solstein (s. o.). Durch das Gleirschtal nach Scharnitz s. S. 62. — Über die (3¼ St.) Eppzirler Scharte zur Eppzirler Alpe (Touren in den „Seefelder Dolomiten"), S. 65.

Die Bahn überwindet den Ehnbachgraben in großer Schleife, durchfährt dabei den *Brunntaltunnel* (239 m) und den *Klammtunnel* (160 m), überschreitet dann den vom Solstein herabkommenden *Ehnbach* auf 72 m hohem, 82 m langem *Viadukt*, geht durch den 354 m langen *Ehnbachtunnel* und wendet sich nach Osten gegen den *Martinswandtunnel*. Seine Länge beträgt 936 m, seine westliche Mündung liegt 258 m über der Oberinntaler Straße, 50 m höher als die *Maximiliansgrotte* (s. oben). Beim Verlassen dieses längsten Tunnels der Strecke bietet sich bereits ein prächtiger ✱Blick auf den weiten Talgrund von Innsbruck und auf das Unterinntal mit Glungezer, Kellerjoch und andere Gipfel der Tuxer Vorberge.

Innsbruck und Umgebung.

Es folgen 3 kleinere Tunnels, davon einer durch die Felsabstürze des *Hechenberges*, ein Viadukt über den Ausgang der Kranebitter Klamm, dann die (51 km) Hst. *Kranebitten.*

Von hier ¼ St. zur sehenswerten **Kranebitter Klamm** (Vorsicht; sehr schlecht und nur bei trocknem Wetter gangbar), durch diese zum (3½ St.) *Jagdhaus Martinsberg* (S. 66) und auf den *Gr. Solstein* (S. 62). Vom Klammeingang führt ein aussichtreicher Weg über den *Kerschbuchhof* nach Hötting und (1½ St.) *Innsbruck.* — ¼ St. von der Haltestelle, an der Oberinntaler (Reichs-)Straße, das bekannte **Kranebitten-Wirtshaus,** von wo 1 St. nach *Innsbruck.*

Nun durchfährt die Bahn den 55 m langen *Kranebitter Tunnel* und den 213 m langen *Kerschbuchhof-Tunnel.* Dann voller Blick auf Innsbruck. An Hst. *Allerheiligenhöfe* vorbei hinab zur Inntalsohle, über die Reichsstraße zur (55 km) Hst. *Hötting* (Reisende ohne Gepäck, die am *l.* Innufer [Mariahilf, Hötting, St. Nikolaus] Quartier nehmen, können hier bereits aussteigen), auf 108 m langer Brücke über den Inn, dann auf hohem Viadukt zum (56 km) *Westbahnhof Innsbruck (Wilten)* (s. S. 72) und zum (58 km) *Haupt-* (Süd-) *Bahnhof Innsbruck.*

Innsbruck und Umgebung.

Bahnhöfe: 1. *Hauptbahnhof* (Rest.), im O. der Stadt, für sämtliche Linien mit Ausnahme der Lokalbahnen. — 2. *Westbahnhof,* im Vorort *Wilten* (im S. der Stadt), Hst. der Mittenwaldbahn und der Personenzüge der Arlbergbahn (nach Landeck—Bregenz). — 3. *Innsbruck-Stubai,* in *Wilten,* jenseits des Westbahnhofs, für die Stubaitalbahn. — 4. *Berg Isel,* nahe östl. von Nr. 3, für die Mittelgebirgsbahn. — 5. *Bhf. der Hungerburgbahn,* im N. der Stadt, bei der Innbrücke.

Hotels. Ersten Ranges: *H. Tirol*, am Bahnhofsplatz, 220 Z. mit 300 B. v. 7—10 S., F. 2½, M. od. A. 7, in den Mon. Juli, Aug., Sept. keine Pension, sonst 16—20 S., Rest., Café, Konzert, Garten, Bäder, Zh., PA., Ah., gzj.; ***H. Europa,*** am Bhf., 80 Z. mit 110 B. v. 5—8 S., F. 2, M. od. A. 5, P. 12—15 S., Rest., Bäder, Zh., PA., Ah., gzj., sehenswerter Speisesaal; ***H. Kaiserhof,*** Innstr. 7, ruhige Lage gegenüber dem Stadtpark, 50 Z. mit 90 B. v. 3½—5 S., F. 1,80, M. od. A. 3, P. 14 bis 16 S., Rest., Bäder, Ah., gzj.; ***H. Arlberger Hof,*** am Bhf., 120 Z. mit 160 B. v. 4—8 S., F. 2, M. od. A. 4—5, P. 13—18 S., Rest., Terrasse, Bad, flW., Zh., PA., Ah., gzj.

Gut bürgerliche Häuser: ***H. Union,*** Ad mstr. 22, 3 Min. v. Hbf., 50 Z. mit 72 B. v. 3—6 S., F. 2, M. 4½, A. 3, P. 16 S., R st., gr. G rten, Bäd r., flW., Zh., Ah., gzj.; ***H. Maria Theresia,*** Maria-Theresienstraße, 80 Z. mit 120 B. v. 4—5 S., Rest., Wiener Café, tägl. Konzert, gr. Garten, Bäder, Zh., PA., Ah., gzj., auch für Touristen, gelobt; ***H. Kreid,*** Bozner Platz 3, 3 Min. v. Hbf., ruhige Lage, 80 Z. mit 120 B. v. 4—5 S., F. 2, M. od. A. 5, P. 12—16 S., gutes Rest., Prof. Edgar Meyer-Klause, Weinstube, Veranda, Bäder, Zh., PA., gzj.; ***H. Victoria,*** Südtirolerplatz, gegenüber dem Bhf., 50 Z. mit 80 B. v. 3—5, P. 12 bis 18 S., Rest., Garten, Terrasse, Bäder, Zh., PA., gzj.; ***H. Goldene***

Sonne, Südtirolerplatz, gegenüber dem Bhf., 50 Z. mit 80 B., Rest., Wiener Café, Garten, Terrasse, Bäder, gzj.; *H. Grauer Bär,* Universitätsstr. 7, nahe der Hofkirche, 150 Z. mit 230 B. v. 3—5 S., F. 1,60 S., Rest., Garten, Bäder, Zh., gzj., gelobt; **Goldener Adler,** Herzog-Friedrichstr., nächst dem Gold. Dachl, 20 Z. mit 40 B. v. 2,8—3½ S., F. 1½, M. 3—4, A. 2—3, P. 10— 2 S., Rest. gzj. (durch Goethes, Andreas Hofers und Heines Einkehr berühmt), mit *Goethe-Stübchen*; **Goldene Krone,** Maria-Theresienstr.; *H. Goldener Greif,* Leopoldstr.; **Schwarzer Adler,** Universitätsstr. 23; **Weißes Kreuz,** Herzog-Friedrichstr.; **Österreichischer Hof,** Andreas-Hoferstr. 47, am Westbhf., 20 Z. mit 40 B., Rest., Veranda, Bäder; *H. Westbahnhof,* Garten; **Gasth. Pinzger,** Andreas-Hoferstr., 20 Z.; **Gasth. Hellenstainer,** Andreas-Hoferstraße, 24 Z., Garten, Veranda, Tiroler Weine, bürgerlich; **Gasth. zum Speckbacher,** Maximilianstr. 19, nahe der Hauptpost, Tiroler Weinstube; *H. Veldidena,* Andreas-Hoferstr. 46, 6 Min. v. Westbhf., Garten, Veranda, Bäder; **Burgriesen,** Hofgasse 12, neben dem Goldenen Dachl, 26 Z. mit 40 B., Rest., historisch, Rittersaal, Andreas-Hofer-Stube; **Mondschein,** in Mariahilf an der Innbrücke, 30 Z. mit 60 B., Rest.; **Goldener Hirsch,** Seilergasse 9, 44 Z. mit 83 B., Rest.; **Roter Adler;** **Goldner Löwe,** beide Seilergasse; **Gasth. Breinößl,** Maria-Theresienstr. 12—14, 10 Z. mit 20 B. v. 4 S. an, M. 2,20—2½ S., gr. altdeutsches Rest., schöner Garten, Zh., gzj., Konzert; **Goldner Stern,** Innstr. 37, 60 Z. mit 100 B., Rest., Bad, Garten, Veranda, Ah., gzj., be kanntes Weinhaus.

Für einfache Ansprüche: **Gasth. Weißes Rößl,** Kiebachgasse 8, 19 Z., Rest.; *Delevo,* Erlerstr. 6; *H. Goldene Rose,* Herzog-Friedrichstr. im Zentrum der Stadt, 36 Z. mit 62 B., Weinhaus; **Gasth. Seiler,** Adamsgasse; **Zum Mohren,** Mariahilf.

Pensionen: *Pens. Winter,* Claudiapl. 3, 12 Z. mit 20 B., ruhig, vornehm; *Pens. Elite,* Anichstr. 42, 11 Z. mit 19 B.; *Pens. Edelweiß* in Mühlau; *Pens. Schönruh* bei Schloß Ambras, schöne Lage, 14 Z. mit 20 B. v. 1½—2 S., F. 1,60, M. 3,20, A. 2,80, P. 9—10 S., Rest., Café, Garten, Veranda, Bäder, Ah., gzj.; *Pens. Maier,* Falkestr. 20.

Restaurants und Bierhäuser: *Bahnhof-Restauration; Stadtsäle* mit Kaffeehaus, Leseräumen, Terrasse, häufig gute Konzerte, beim Theater; *Breinößl,* Maria-Theresien-Str.; *Bürgerl. Brauhaus,* mit großem Garten, Musikpavillon u. Kegelbahn; *Bierwastl,* Innrain, schöner Garten am Inn, mit Veranda und Kegelbahn; *Hellenstainer,* Andreas-Hofer-Str.; *Bierstindl,* am Fuß des Berges Isel; *Büchsenhausen,* am l. Innufer, unweit des Innsteges; *Goldenes Schiff,* mit Garten; *H. gold. Greif,* Garten und Veranda; *Zum goldenen Dachl,* Hofgasse u. a. m.

Weinhäuser: *H. Grauer Bär; Zur Rose,* Herzog-Friedrich-Str.; *Zum Jörgele,* Herzog-Friedrich-Str., neben dem Goldenen Dachl; *Delevo,* Maria-Theresien-Str., mit Garten und Kegelbahn; *Zum Burgriesen,* Hofgasse u. v. a.

Cafés: *Café München,* Landhausstr., tägl. Konzert, modern; *Café Maximilian,* Maria-Theresien-Str.; *Café H. Maria Theresia,* gegenüber dem Museum, tägl. Konzert; *Kondit.-Café Schindler,* Maria-Theresien-Str., elegant; *Café Central,* Erlerstr.; *Café Lehner,* Margarethenplatz, modern, mit ausl. Zeitung., sämtlich mit Restaurationen; *Café Katzung,* Herzog-Friedrich-Str.; *Café Kanzler Biener,* gegenüber der Servitenkirche; *Café Baumann,* nächst dem goldenen Dachl u. a.

Kabaretts: *Alhambra,* Varieté, Kino, Künstlerkonzert, Weindiele; *Apollovarieté,* Museumstr.; *Odeon-Kasino,* im Hotel München; *Austria-Bar,* Anichstr.

Post- und Telegraphenämter: Maximilianstr. 20 (Hauptpost), Bahnstraße 5 (nördl. vom Bahnhof). — Leopoldstraße. — Kiebachgasse.

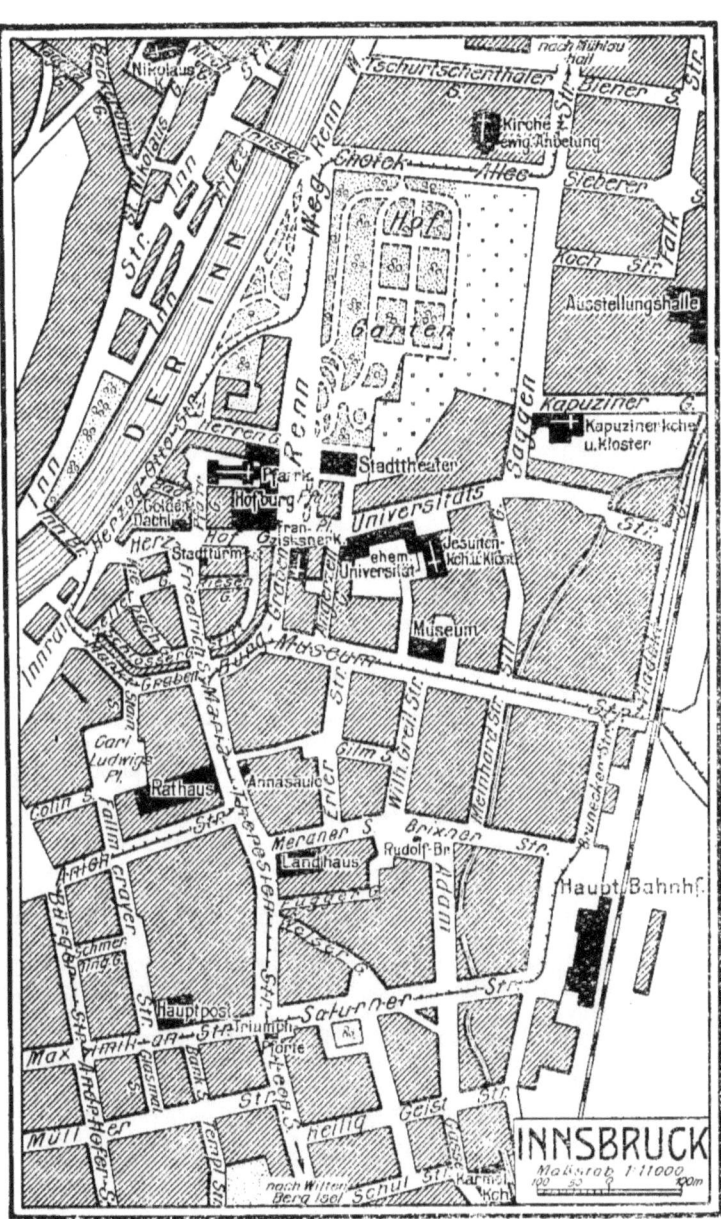

Nach Mittenwald und Innsbruck.

Österr. Verkehrsbüro, Rudolfstr., erteilt Auskunft in allen Verkehrsangelegenheiten. — **Tiroler Landes-Reisebüro,** Boznerplatz.

Eisenbahnen: über Wörgl nach *Zell am See* und *Salzburg*; über Wörgl und *Kufstein* nach *München*; über den Brenner nach *Bozen* (*Meran*), *Trient* und *Verona*; über den Arlberg nach *Bregenz* am Bodensee; über *Garmisch-Partenkirchen* nach *München* bzw. nach *Reutte* und *Kempten*.

Straßenbahnen: 3 Linien durch die Stadt.

Lokalbahnen: 1. *Berg Isel—Hall*, 8,5 km in 49 Min. (durch die Stadt); 2. *Hungerburgbahn* (S. 72); 3. *Mittelgebirgsbahn* (S. 73); 4. *Stubaitalbahn* (S. 74).

Theater: *Stadttheater*; im Sommer: *Klingenschmidts Bauerntheater* im Vorort *Pradl*.

Neuer **Flugplatz** in Reichenau.

Bei kurzem Aufenthalt: Maria-Theresien-Str., Goldenes Dachl, Franziskanerkirche, evtl. Museum Ferdinandeum. Umgebung s. S. 72.

Innsbruck, 574 m, Hauptstadt von *Tirol*, einst fürstliche Residenz, mit über 80000 Einw. (einschl. Vorstädte Wilten, Hötting, Mühlau, St. Nikolaus, Mariahilf, Dreiheiligen, Pradl), Sitz zahlreicher Behörden (Landesregierung), einer Universität mit ca. 1200 Hörern, liegt zwischen dem *r.* Ufer des *Inn* und der hier mündenden *Sill*, am Vereinigungspunkt uralter Verkehrswege von internationaler Bedeutung. An Schönheit der Lage kommt ihm in den Ostalpen nur Salzburg gleich.

Nördl. vom Inn das mächtige Karwendelgebirge mit Brandjoch (2580 m), Frau Hitt (2242 m), Speckkarspitze (2623 m) usw., südl. das bewaldete Mittelgebirge, darüber Patscherkofel (2248 m), Waldrastspitze (2719 m) und Saile (2406 m). Ein schöner Standpunkt für die Bergaussicht ist die Innbrücke.

Rundgang (bei kurzem Aufenthalt): Vom Hauptbahnhof gehe man direkt durch die Salurner Straße zu ∗ **Maria-Theresien-Straße**. Mit ihrem imposanten Berghintergrund (im Norden) und ihren altertümlichen Prachtbauten gewährt sie einen herrlichen Anblick, besonders im Frühjahr oder Frühsommer, wenn die schroffen Karwendelhänge noch z. T. stark verschneit sind. Etwas *l.* von der Maximilianstraße, am Südende der Maria-Theresien-Straße, erhebt sich die *Triumphpforte* (errichtet 1765), die Innsbruck von dem ehemaligen Vorort *Wilten* trennt. Bemerkenswerte Gebäude in der Maria-Theresien-Straße: das *Landhaus* (Palais Taxis), in den Jahren 1719—1728 errichtet, mit der *Gewerbe-Ausstellung* des Tiroler Gewerbebundes und der

Permanenten Gemälde-Ausstellung Tiroler Künstler, und das *Rathaus* mit Fresken Ferdinand Wagners.

Im Norden schließt sich der Maria-Theresien-Straße die **Herzog-Friedrich-Straße** an, die *r.* und *l.* mit den in Tiroler Städten noch vielfach vorkommenden „Lauben" (Arkaden über dem Bürgersteig) versehen ist. Sie wird abgeschlossen vom *✱* „**Goldenen Dachl**", einem hübschen spätgotischen Erker, von Kaiser Max I. anläßlich seiner Vermählung mit Maria Blanca Sforza errichtet. Die Fassade des Eckhauses *l.* des kath. Kasinos zeigt reichen Rokokoschmuck; *r.* der *Stadt-* oder *Feuerturm* mit schöner Rundsicht.

R. durch die Hofgasse zur **✱Franziskaner-** (ehem. **Hof-) kirche**, im 16. Jahrh. in ital. Renaissance erbaut.

Im **Innern** (geöffnet von 9 Uhr vorm. an, Sonn- und Feiertags 11—5 Uhr) das berühmte, prachtvolle **✱✱Grabdenkmal Kaiser Maximilians I.**, ein kolossaler Marmorsarkophag mit Reliefs aus karrarischem Marmor und der knienden Statue Maximilians in Brz. Von den 28 überlebensgroßen dunklen *Bronzestandbildern*, die an den Seiten zwischen den Rundpfeilern aufgestellt sind, verdienen die beiden schönsten, König Artur von England und Theodorich, König der Ostgoten, aus der Werkstatt *Peter Vischers*, besondere Beachtung.

Im *l.* Seitenschiff das marmorne *Grabdenkmal Andreas Hofers*; daneben die Grabdenkmäler seiner Waffengefährten *Speckbacher* und *P. Haspinger*. In der erhöhten *Silbernen Kapelle* die Grabdenkmäler *Erzherzog Ferdinands I.* und seiner Gemahlin *Philippine Welser*.

Gegenüber der Franziskanerkirche, am Rennweg, *l.* die ehem. **Kaiserliche Hofburg**, 1766—70 erbaut (Führungen). Neben der Burg (nördl.) die **Pfarrkirche St. Jakob** (1717 bis 1724 erbaut), enthaltend u. a. ein Marienbild von *Lucas Cranach d. Ä.* und Fresken von *Cosmos Asam*. Der Pfarrkirche gegenüber das hübsche *Stadttheater*, daneben südl. der moderne Bau der **Stadtsäle** (Café, Restaur., Lokale für Festlichkeiten) und in den vor diesen errichteten Anlagen der **Leopoldsbrunnen** mit der Reiterstatue Erzherzog Leopolds V., von Kaspar Gras modelliert. Östl. von der Franziskanerkirche das alte *Universitätsgebäude* (neue Universität im nordwestl. Stadtteil). Östlich von der alten Universität die *Jesuitenkirche* und die *Universitätsbibliothek*.

In der Museumstraße das **Tiroler Landesmuseum Ferdinandeum**. Der Bau wurde 1884 vollendet.

Besichtigung 9—12 und 2—4 Uhr. Besonders interessant die Säle II (Archäologie), III (Ethnographie), V (Kulturgeschichte), VI („Rundsaal" mit historischen Erinnerungen), VII (Plastik, mit Werken hervorragender Tiroler Meister). Im 2. Stock befindet sich die *Gemäldesamm-*

lung mit sehr bedeutenden Stücken, u. a. von Lucas Cranach, Angelika Kaufmann, Jos. Schöpf, Fr. v. Defregger, Tintoretto, Frz. Hals, Rembrandt, van der Neer, Breughel, Potter, Rubens, Wouwerman, Wynants. Im Ferdinandeum befindet sich auch eine *Spezialbibliothek* mit ca. 20000 Bänden und ein *Tiroler Trachten-Museum.*

Im Garten des *Pädagogiums* in der Fallmereyerstraße (westl. parallel mit der Maria-Theresien-Straße laufend) das hochinteressante **Riesenrelief von Tirol**, dessen Gebirge aus Originalsteinen aufgebaut sind, und ein Kriegerdenkmal zu Ehren der gefallenen Lehrer.

Von hier kann man durch die Maximilianstraße und die Salurnerstraße zum Hauptbahnhof zurückkehren.

Ausflüge von Innsbruck.

Wilten und Berg Isel. Durch die Triumphpforte und die Leopoldstraße zur **Prämonstratenser-Abtei Wilten** (ca. ½ St.), an Stelle des in der Völkerwanderung zerstörten römischen *Veldidena* 1140 errichtet. Vor dem Portal der ansehnlichen Hochrenaissance-Stiftskirche (1651—1665 erbaut) in Nischen die Riesenstatuen der angeblichen Gründer Haimon und Tyrsus. Von der Kirche ¼ St. südl. der in der neueren Geschichte Tirols berühmt gewordene *Berg Isel (750 m), seit Herbst 1893 mit einem **Andreas-Hofer-Denkmal** von *H. Natter* geschmückt. Im ersten Stock des *Museums des ehem. Kaiserjäger-Regiments* der sehenswerte Ahnensaal mit zahlreichen Porträts. Am *Schießstand* 2 Denksäulen *R.* vorn herrlicher Blick auf Innsbruck und das *Inntal* bis Schwaz.

Am Fuß des Berges Isel Bahnhofsgebäude der **Lokalbahn** Innsbruck-Hall, der *Innsbrucker* **Mittelgebirgsbahn**, der **Stubaitalbahn** und der elektrischen **Straßenbahn**.

Hungerburgbahn. Von der Innbrücke oder vom Rennweg nördl. zur *Kettenbrücke.* Vor der Brücke das *Berg Isel-Panorama*, das in einem Rundgemälde die Schlacht am Berg Isel 1809 darstellt. Jenseits, *r.,* Mühlau (*Badhaus; Dollinger; Gasth. Schillerhof,* am Walde; *Coreth; Zapfler.*—*Pens. Edelweiß,* am Rande des Waldes auf einer Anhöhe, schöne Aussicht, 20 Z. mit 30 B. v. 2½—4 S., F. 1, M. 3, A. 2½, P. 9—10 S., Garten, Bäder, gzj.), 10 Min. davon die *Mühlauer Klamm. —* Diesseits: Station der *Hungerburgbahn;* elektrische Drahtseilbahn über den Inn zum nördl. Mittelgebirgsplateau mit der *H.-Pens. Mariabrunn* (früher *Hungerburg,* mit künstl. Seeanlage und Aussichtsturm, 858 m, in herrlicher Umgebung mit großartiger Aussicht; ausgedehnte Promenaden nach allen Richtungen, u. a. prächtiger

Weg westl. (Aussicht auf Stubaier Gletscher) über Schloß-
ruine Tauer nach (3¼ St.) Absam (s. S. 74) und Hall (s. u.).

Mittelgebirgsbahn (8,5 km nach Igls in 26 Min.). Vom
Ende der Lokalbahn (Station Berg Isel [s. oben]) nach
(2,5 km) *Ambras*. Von hier 3 Min. zum **Schloß Ambras**,
625 m (*Restaurant* vor dem Eingang; in der Nähe *Pens. Schönruh,
s. S. 68*). Das Schloß (Besichtigung 10—12 und 3—5 Uhr) war
Lieblingsaufenthalt des Erzherzogs Ferdinand und seiner
Gemahlin Philippine Welser. Von den Altanen prächtige
Aussicht. 10 Min. vom Schloß der *Tummelplatz* (Waldfried-
hof, Grabstätte der 1797—1809 bei Innsbruck gefallenen
oder im Lazarett zu Ambras verstorbenen und der im Weltkrieg 1914—18 gefallenen Tiroler Krieger. — Die Bahn
führt in Windungen empor nach (5,5 km) Station **Aldrans**,
961 m (*Plattner; Aldranser Hof*), hübsche Sommerfrische,
in der Nähe der kleine *Herzsee*; ¾ St. *Sistrans* (*Krone;
Glungezer*) und dann im Bogen zur (7 km) Station **Lans**,
842 m (*Traube; Wilder Mann*). Von hier 10 Min. auf die
Lanser Köpfe, 931 m, mit herrlichem Bergpanorama (Orien-
tierungstafel); hinab zum *Lanser See* (*Erholungsheim Lanser
See*, nur für Bankbeamte; Badegelegenheit), von wo 20 Min. nach
Igls. Von Lans über die Lanser-A. zum (3½ St.) Kaiser-
Franz-Josef-Schutzhaus. 1 St. nach Heiligwasser. — Die
Bahn erreicht ihren Endpunkt bei (8,5 km) Station **Igls**,
870 m (*Gr. H. Igler Hof*, I. R., auf einem Hochplateau, 12 Min. vom
Bahnhof, mit *Villa Fürstenhof* u. *Waldrast*, 125 Z., geschützte Lage,
schöne Aussicht, komfortabel, geschlossen von November bis Mitte De-
zember und von Mitte März bis 1. Mai; *H. Maximilian* mit *Depend.*,
schöne, geschützte Lage, 80 Z. mit 136 B. v. 4—6 S., M. od. A. 4, P.
14—16 S., Rest., Café, Garten mit schöner Aussicht, Terrassen, Bäder,
Ah., gzj., Wintersport; *Altwirt; H. u. Pens. Tirolerhof*, allein-
stehend am Walde gelegen, 60 Z., Garten, Bäder, geöffnet 1. Mai bis
Mitte Oktober; *H.-Pens. Stettnerhof*, Hauptstr., 5 Min. v. Wald
entfernt, 24 Z. mit 40 B. v. 2½—3 S., F. 1—1½, M. 3—3½, A. 2—2½,
P. 10—11 S., gr. Rest., Café, Garten, Veranda, Bad, gzj., schöne Aussicht; *H. Stern*, im Orte, 7 Min. vom Bahnhof, 50 Z., mit Garten.
— *San. Dr. Scheyer*, 50 Z.; *San. Igls*, gzj.), beliebte Sommerfrische
und Wintersportplatz (während des Wintersports sind einige Hotels
geöffnet), in reizender Lage am Fuße des Patscherkofels.

Elektr. Lokalbahn nach Hall. Von Wilten (S. 72) durch
die Stadt über *Mühlau* (S. 72) und *Rum* zur (8 km) alten
Salinenstadt **Hall** (*Zum Bären*, 20 Z. mit 30 B. v. 2½—4 S., F.
½—1, M. 2—3, A. 1—2, P. 9—11 S., Rest., Café, Bad, Ah., gzj., gelobt; *Engel; Gasth. Schwarzer Adler*, Eugenstr. 23/24, in der oberen
Stadt, 5 Z. mit 12 B. v. 2½—4 S., F. 0,60—0,90, M. 2½, A. 1½, P.

9—12 S., Rest., Bäder, gzj.; *Gold. Stern*, Speckbachergraben, 10 Z. mit 20 B. v. 1½—2 S., P. 6—7 S., Rest., Garten, gzj., gelobt; *Hirsch; Rößl; Gasthaus zur Bretze* (Künstlerstübl d. Einsiedler); *Adler* u. *Lamm*, billig; *H. Speckbacherhof*, am Bahnhof; *Gasth. zur goldenen Krone* (*Post*), Unterer Stadtplatz 234, 20 Min. von Hall entfernt, 12 Z. — *Pens. Plainer*; *Temlschlößl*, 20 Min. v. Bahnh.; *H. u. Pens. Volderwaldhof*, 20 Min. von Hall, am r. Innufer auf Anhöhe am Walde, 24 Z., Veranda, Garten, Park, Bäder. — *Sanatorium Hall*. — *Café Spiegel*. — Bier: *Seidners Brauerei* u. *Gambrinushalle*; *Sterngarten*; *Aniser*; im *Kasino*, mit der seit 1508 bestehenden *Stubengesellschaft*, in der oberen Stadt, viele Zeitungen, Fremde können durch Mitglieder eingeführt werden), mit 6400 Einw., alten Gebäuden, interessantem Rathaus, Bronzedenkmal Speckbachers, historischem Münzerturm. Die Pfarrkirche stammt aus dem 14. Jahrh. In der *Saline* interessante Modellsammlung. Hauptausflug **Haller Salzbergwerk:** Über (½ St.) *Absam* (*Bogner; Ebner; Gasth. Stamser*, 6 Z. mit 14 B. v. 2 S. an, F. 0,60 bis 1, M. 2—3, A. 2, P. 7—8 S., Rest, Garten, Veranda, gzj., eigene Meierei), von hier über Ruine Tauer zur Hungerburg (s. S. 72) im Halltal aufwärts, nach (2 St.) *St. Magdalena*, 1298 m, und (¾ St.) zu den **Herrenhäusern,** 1481 m. Besichtigung des Salzbergwerkes Montags bis einschl. Donnerstags gegen 1,10 Sh. Vom Bergwerk im Halltal weiter empor und über das Lafatscher Joch zum (2¾ St.) *Haller Anger-Haus* (S. 63); über das Stempeljoch ins Gleirschtal (S. 62). — Von Hall 7½—8 St. auf die ✱*Große Bettelwurfspitze*, 2725 m (mit Führer) sehr lohnend. 2 St. unterhalb des Gipfels die *Bettelwurfhütte*, 2250 m, der AVS. Innsbruck (Sommerwirtsch.) — 2¾ St. auf die *Speckkarspitze*, 2023 m, über Bettelwurfhütte. Von der Bettelwurfhütte (s. oben) zum Lafatscher Joch und zum Haller Anger-Haus s. S. 63.

Stubaitalbahn (18 km nach Fulpmes in 58 Min.). Vom Stubaital-Bahnhof in Wilten (S. 72) führt die elektrische Bahn zunächst die Brennerstraße entlang. 2 km Hst. *Sonnenburger Hof*, prächtiger Stadt- und Karwendelblick. 3 km Hst. *Gärberbach* (Wirtshaus an der Brennerstraße). Die Bahn verläßt die Brennerstraße und führt, stärker ansteigend, nach (5 km) *Natters* (783 m; *Stern; Scheerer Hof*), hübsche Sommerfrische auf den südlichen Mittelgebirge. — 6 km **Mutters** (837 m; *Mutterhof*, 12 Z., schöne Aussicht; *Altenburg*, 10 Z.; *Stauder; Nock hof*, außerhalb des Ortes). — 11 km *Kreit*. Bis hierher zog die Bahn hoch über dem Silltal, das sich vom Brenner herabsenkt; nun südwestl. ins Stubaital nach (16 km) Hst. *Telfes* (1005 m; *H.-P. Serles*, 28 Z. mit 40 B., auf einer Anhöhe, moderner Komfort, Garten; *Gasthaus Lahn-*

taler, einfach, gut; **Gasth. Leitgeb**), bereits mit schönem Gletscherblick, und zur (18 km) Endstation **Fulpmes**, 940 m *(Pfurtscheller; Lutzwirt*, 18 Z., Rest., Veranda, Garten; *Alte Post; Platzwirt; Gasthof u. Café Hörtnagl*, Rest., Garten mit schönem Blick auf die Gletscher. — *Café Widner*), größtes Dorf im Stubai, am Schlickerbach, hoch über dem das Stubaital durchfließenden Rutzbach, mit Aussicht auf den eisgekrönten Talschluß: Zuckerhütl, 3511 m (höchster Gipfel der Stubaier Alpen), Wilder Pfaff und Wilder Freiger.

Wintersport.

Das Gebiet von „Garmisch-Partenkirchen und der Mittenwaldbahn" ist für Ausübung des Wintersports hervorragend geeignet. Besonders Garmisch-Partenkirchen hat sich im letzten Jahrzehnt zum ersten Hochgebirgs-Wintersportplatz Deutschlands entwickelt und ist jetzt ein überaus besuchter Anziehungspunkt der Wintergäste aus allen Gauen des Reichs.

Nicht nur die Höhenlage und die Nähe des Gebirges, sondern besonders auch das in den Wintermonaten Januar und Februar außerordentlich beständige, sonnige Wetter begünstigen die Ausübung jeder sportlichen Tätigkeit.

Die hervorragend guten Unterkünfte, die meist Zentralheizung haben und einfachen sowie anspruchsvollen Anforderungen genügen, bieten die Möglichkeit eines längeren Aufenthaltes im Winter.

Im Jahre 1914 fanden in **Garmisch-Partenkirchen** (s. a. S. 26 oben) die Deutschen Skiverbands-Wettkämpfe um die Deutsche Ski-Meisterschaft statt. Für 1926 haben die Schwester-Kurorte begründete Anwartschaft für Abhaltung der Olympiade.

Beide Orte haben vorzüglich angelegte Sportplätze mit Sprungschanzen für Skiläufer, in Garmisch am *Hausberg*, 15 Min. vom Orte entfernt, woselbst auch eine Rodelbahn, in Partenkirchen in derselben Entfernung am *Gudiberg*, in der Nähe der Eisenbahnstation Kainzenbad, mit großer Rodelbahn und geräumigem Eislaufplatz. In der Umgebung beider Sportplätze ein vorzügliches Gelände für Skiübungen. Am Nordostabhang des *Kochelbergs* wurde 1924 ein erstklassiger Sprunghügel geschaffen, auf dem Probesprünge von fast 60 m erzielt wurden (s. a. S. 26).

Die Verkehrs- und Sportvereine veranstalten häufig besuchte Konkurrenzen: Preisrodeln, Skijöring, Ski-Wettläufe, Bobrennen usw.

Ein besonders schöner Wintersportplatz ist der **Rissersee**, dessen vorzüglich instandgehaltene Eisfläche zahlreiche Schlittschuhläufer anzieht. Eis-Kunstläufer haben hier ihr Standquartier; auch eine sehr gute Rodel- und eine 1500 m lange Bobbahn sind im Betrieb.

Für *Skihochtouren* ist das **Kreuzeckhaus** ein ideal gelegener Platz, im Winter ebenso zahlreich besucht wie im Sommer; besonders die Skitour auf die Alpspitze wird vielfach ausgeführt.

Auch der **Sonnenbichlsee** bietet Schlittschuhläufern und Eisschützen Gelegenheit zur Ausübung dieser Sporte.

Außerdem sind beliebte Ziele für Skiläufer der *Eckbauer*, der *Krottenkopf* und im Gebiete der Ammergauer Alpen die Enningalpe mit dem

Windstierlkopf und *Hirschbichlkopf* mit langer, markierter Abfahrt über den Pflegersee nach Garmisch.

Zahlreiche Skilehrer und vom D. u. Ö. AV. als Skilehrer autorisierte Bergführer stehen zur Verfügung.

Auch die Orte *Oberammergau*, *Mittenwald* und der Talkessel von *Ehrwald-Lermoos* sind hervorragende Punkte des Wintersports und bieten vorzüglichen Aufenthalt und mancherlei Abwechslung für Wintersportfreunde. Das Gelände bei Ehrwald und Lermoos eignet sich ganz besonders für Skitouren jeder Art; Ehrwald verfügt auch über sportlich hochstehende Skiführer.

Besonderer Erwähnung bedarf noch das nächst der Bahnlinie Lermoos-Reutte bei der Station Bichlbach gelegene **Berwang** (1340 m), das infolge seiner Höhenlage und seiner eigentümlichen Geländeentwicklung bei einfachen, aber guten Unterkunftsverhältnissen immer mehr Zuspruch seitens der Wintersportler erhält.

Alphabetisches Register.

(Die Zahlen geben die Seiten an; bei mehreren Seitenzahlen weist die **fett** gedruckte auf ausführlichere Angaben hin.)

Absam 73, **74**.
Absatzkapelle 65.
Achensee 58.
Adolf-Zoeppritz-Haus 34, 43.
Ahornboden 63.
Aldrans 73.
Alois Huber-Haus 37.
Alpsee 48.
Alpspitze 39, **43**.
Ambras 73.
Ambras, Schloß 73.
Ammerwald 50.
Ammerwald (Hotel) 47.
Amtssäge 62.
Angeralpe 63.
Angerhütte 34, **40**.
St. Anton 31, 37.
Arnplattenspitze 61.
Arnspitze, Große 59, **60**.
Arzler Scharte 62.
Aschauer Alm 58.
Aufacker 22.
Auetal, Das 33.
Aulealm 33.

Backofenspitzen 63.
Badersee 34.
Barmsee 36, **56**, 58.
Barth-Denkmal 63.
Berggeist 22.
Berglental 44, 59.
Berwang 53, **76**.
Bettelwurfhütte 63, **74**.
Bettelwurfspitze, Große 63, **74**.
Bichlbach 53.
Bieberwier 52.
Birkkarspitze 62, 63.
Bischof 41.
Blaue Gumpen 39.
Blindsee 52.
Bockhütte 40.
Böden, Die 59.
Brandlalpe 58.

Breitenwang 54.
Bremstallwald 34.
Brett 41.
Brunnatalhütte 40.
Brunnensteinspitze 60.
Brunntaltunnel 66.
Buchen 59.
Büchsentaljoch 51.
Burgberg 57

Christenalpe 62.
Coburger Hütte 51.

Daniel (Berg) 24, **52**.
Diemendorf 21.
Drachensee 51.
Dreitorspitze, Partenk. 39, **44**.
— Leutascher 59.
Duftelalpe 52.
Dürrenberg-Alm 54.

Eckbauer 34, **75**.
Ehnbachtunnel 66.
Ehrenberg, Feste 55.
Ehrenberger Klause 53, **55**.
Ehrwald 35, 43, 51, 76.
Ehrwalder Köpfe 35.
Eibsee **35**, 50.
Einsiedl, Gasthaus 59.
Ellnau 34, **36**, 45.
Ellmau, Schloß 36.
Engwirthaus 58, **64**.
Enningalp 38, 75.
Eppzirler Alpe 62, 64, **65**.
Eppzirler Scharte 65.
Eppzirler Tal 64, 65.
Erlsattel 62.
Erlspitze 62, 65.
Eschenlohe 23, 37.
Esterbergbauer 34, 37.
Ettal 38.
Ettal, Kloster 23.
Ettaler Berg 23.
Ettaler Mandl 23.

Fahrenbergkopf 60.
Falken 63.
Falkenhütte 63.
Farchant 23.
Faukenbach (Wasserfall) 32.
Faukenschlucht 32.
Feldafing 20.
Feldernjöchl 42.
Ferchensee 36, 58.
Fermersbachtal 58.
Fernpaß 52.
Fernstein 52.
Fernsteinsee 52.
Fiecht, Kloster 64.
Fischbachalpe 59.
Fleischbankspitze 65.
Fragenstein, Ruine 65, 66.
Frauenalpel 44.
Frauensee 55.
Frauhittsattel 62.
Freiungspitze 65.
Fricken, Hoher 37.
Frieder Spitzen 50.
Friedergries 50.
Frillensee 35.
Führer 13, 26.
Fulpmes 75.
Füssen 47.

Gaistal, Das 51, 59.
Gamskarlspitze 63.
Garatshausen 20.
Gärberbach, Stat. 74.
Garmisch 11, 24, **26**, 75.
Gatterl, Das 42, 51.
Gatterlköpfe 39.
Gauting 19.
Gehrenspitze b. Oberleutasch 58, 59.
Gießenbachschlucht 23.
Gleirsch, Hoher 62.
Gleirschtal 62.
Grafenaschau 22.

Alphabetisches Register.

Grainau, Ober- u. Unter- **34**, 50.
Grammaijoch 64.
Grasberg 32.
Graseck 33.
Graswang 38, 45.
Grenzscheine 14.
Griesen 35, 45, 50.
Grieskarscharte 43.
Großherzog-Adolf-Haus 58.
Großkarspitze 60.
Grubenkarspitze 63.
Grubigstein 52.
Gschwandner Bauer 34, 37.
Gudiberg 75.
Gurgelbach-Viadukt 65.

Hagelhütte 58.
Hall 62, 73.
Haller Anger-Haus 63, 74.
Haller Angerspitzen 63.
Haller Salzbergwerk 62, **74**.
Hammersbach 33, 35.
Hasenjöchl 23, 38.
Hasental 34.
Haus am Schachen 26.
Hausberg 75.
Hechenberg-Tunnel 67.
Hechendorf 23.
Heimgarten 23, 60.
Heiterwand 52.
Heiterwang 47, **53**.
Heiterwanger See 47.
Hennenkopf 45.
Herrenhäuser 74.
Herzogstand 23, **60**.
Herzogstandhäuser 60.
Herzsee 73.
Hinterautal 62.
Hinterreintal 40.
Hinterriß **58**, 59.
Hirschbichlkopf 38, 76.
Hochalpe 37, 43, 63.
Hochalpsattel 63.
Hochblassen 39, 43.
Hochlandhütte 60.
Hochwanner 39, **42**.
Hochzirl 62, **66**.
Hohe Munde 58, **59**.
Hohenschwangau 47, **48**.

Hohenschwangau, Schloß 48.
Hoher Fricken 37.
Hoher Gleisch 62.
Hohen-Peißenberg, Stat. 21.
Hoher Weg 34.
Hohes Hörnle 22.
Hohljoch 64.
Höllentalferner 41.
Höllentalhütte 36, **41**.
Höllentalklamm 26, 35.
Höllentalspitzen 42.
Höllentorkopf 43.
Hörnle 22.
Hörnlespitze, Hintere 22.
Hötting 67.
Höttinger Alpe 62.
Hundinghütte 47.
Hundsstall, Gr. 45.
Hungerburgbahn 72.
Hupfleitenjoch 43, 44.

Igls 73.
Imst 53.
Innere Höllentalspitze 42.
Innsbruck 62, **67**.
Isel, Berg 72.
Issanger 63.

Jagdhaus im Kasten 62.
Jagdhaus im Larchet 63.
Jägerhaus, Stat. 22.
Jägerkarspitzen 62.
Jägersruhe 58.
Jöchl 60.
Johannestal 58, 63.

Kainzenbad **31**, 55.
Kainzenbad-See 32.
Kaiser-Franz-Josefs-Warte 62.
Kaiserstands-Viadukt 66.
Kälberalpe 58, 60.
Kalkkögel 65.
Kaltenbrunn 55.
Kaltwasserkarspitze 60, 63.
Kalvarienberg im Karwendelgebirge 62.
— bei Mittenwald 58.
Kalvarienkirchlein bei Zirl 66.

Kankertal, Das 55.
Karten 13.
Karwendelgebirge 61.
Karwendelhaus 63.
Karwendelhütte 60.
Karwendelspitzen 60, 63.
Karwendeltal 63.
Kaseralpe 60.
Katzenkopf 59, 62.
Katzenstein 33.
Kempten 50.
Kerschbuchhof 67.
— Tunnel 67.
Kesselberg 60.
Kettenbrücke 72.
Kistenkopf 37.
Klais 36, **55**, 59.
Klammtunnel 66.
Klausentunnel 53.
Kniepaß 47.
Knorrhütte **40**, 51.
Kochel 60.
Kochelberg 75.
Kohlgrub 22.
Königshaus am Schachen 39.
Königsstand 38.
Kramer 24, 37.
Kramer-Plateauweg 32.
Kramerschulter 38.
Kranebitten 67.
Kranebitter Klamm 67.
— Tunnel 67.
— Wirtshaus 67.
Kranzberg 58.
Kreit 74.
Krekelmoos, Bad 53.
Kreuzalpe 37.
Kreuzeck 33, **37**.
Kreuzeckhaus 75.
Kreuzhüttchen 32.
Krottenkopf 23, 37, 75.
Krottenkopfhütte 37.
Krünn 36, 56, **59**.
Kuhflucht 23, **33**.
Kühkar 38.

Laberjoch 23.
Ladiz-Alpe 63.
Ladizer Jöchl 64.
Lafatscher, Gr. u. Kl. 63.
Lafatscher Joch 74.
Lafatscher Tal 63.
Lähn 53.

Alphabetisches Register.

Laimeckhütte 50.
Laliderer Wand 63.
Laliderer Falken 63.
Lamsenjoch 64.
Lamsenjochhütte 64.
Lamsenspitze 64.
Lans 73.
Lanser Köpfe 73.
Lanser See 73.
Lautersee 36, 58.
Leintalschucht 58.
Leitersteig 58.
Leithen 65.
Lermoos 52, 76.
Leutasch, Ober- u. Unter 44, 57, 58.
Leutascher Dreitorspitze 45.
Leutaschklamm 57.
Leutasch-Platzl 59.
Leutasch-Widum 58.
Leutstetten 20.
Linderhof (Schloß) 23, 45.
Loisach 24.
Ludwigs-Insel 35.
Lukas-Terrasse 32.

St. Magdalena 74.
Mariabrunn 72.
Maria Eich 19.
Marienbrücke 47, 50.
Martinsberg, Jagdhaus 62.
Martinskopf 60.
Martinswand 65.
Martinswand-Tunnel 66.
Marxenkarspitze 63.
Maximiliansgrotte 66.
Maximilianshöhe 32.
Meilerhütte 44, 59.
Mieminger Gruppe 51, 52.
Mittelgebirgsbahn 73.
Mittenwald 34, 56, 61, 76.
Mittenwaldbahn 11, 50.
Mittenwalder Hütte 60.
Mitterkar 38.
Mittersee 52.
Mittleres Hörnle 22.
Modereck 65.
Moderkarspitze 65.
Moos-Alpe 59.
Mösern 59, 65.

Mühl 54.
Mühlau 72.
Mühlauer Klamm 72.
Mühlen (Forsth.) 20.
Mühltal 20.
München 14.
Münchener Haus 41.
Munde, Hohe 58, 59.
Murnau 21.
Murnauer Moos 23.
Musau 55.
Musauer Alpe 55.
Mutters 74.

Namlos 53.
Nassereit 52.
Natters 74.
Neuschwanstein, Schloß 49.
Nördlinger Hütte 65.
Notalpe 23.
Notkarspitze 23, 38.

Oberammergau 22, 23, 50, 76.
Oberau 23, 45.
Obere Blaue Gumpe 40.
Oberer Anger 40.
Obere Gasse 58.
Ober-Grainau 34, 50.
Ober-Leutasch 42, 44, 58, 64.
Oberreintal 39.
Oberreintalhütte 39, 44.
Oberreintalschrofen 45.
Oehsenboden 58.
Ödkarspitzen 63.
Oefen 59.
Ofelekopf 58, 59.
Ohlstadt 23, 60.
Olgahöhe 22.
Oswaldhütte 58.
Otto-Mayr-Hütte 47, 55.

Partenkirchen 11, 24, 29, 75.
Partenkirchener Dreitorspitze 39, 44.
Partnachfall 40.
Partnachklamm 26, 33.
Partnachursprung 40.
Pasing 19.
Paß 14.
Peißenberg, Hoher 21.
Pertisau 64.

Pestkapelle 51.
Pfeis-Alpe 62.
Pfleger-See 23, 32, 38.
Planegg 19.
Plansee 47, 50.
Platt, Das 40.
Plattspitzen 39, 42.
Plums-Jagdhaus 58.
Plumserjoch 58.
Pöllatschlucht 50.
Polling 21.
Porta Claudia 61, 62.
Possenhofen 20.
Pürschling 23.

Reintal 40, 55.
Reintaler Hof 34, 45.
Reintaler Schrofen 39.
Reisezeit 12.
Reismühle 20.
Reith 65.
Reitherspitze 65.
Reschbergwiesen 38.
Reutte 47, 53.
Rieden 20.
Riedhänge, Die 32.
Riffelscharte 35, 44.
Rinnen 53.
Rissersee 33, 50, 75.
Rißkopf 37.
Roseninsel 20.
Roßloch 63.
Roßwank 24.
Rum 73.
Rumerspitze 62.

Sandreiße, Große 40.
Saulgrub 22.
Säuling 55.
Schachen 38.
Schachenhaus 38, 39.
Schachensee 39.
Schanz (Stat.) 50.
Scharnitz 58, 61.
Scharnitzspitze 45.
Schellschlicht 50.
Schlattan 34.
Schlauchkar, Das 63.
Schlauchkarsattel 63.
Schloßbach-Tunnel 66.
Schloßbach-Viadukt 66.
Schluxenwirtshaus 47.
Schmalseehöhe 56.
Schmölzersee 32.
Schneeferner 40, 42, 52.

Alphabetisches Register.

Schönanger 44.
Schöne Gänge 43.
Schöttlkarspitze 59, 60.
Schüsselkarspitze 45.
Schützensteig 47.
Schwaz 63.
Seebensee 51.
Seefeld 59, **64**.
Seefelderspitze 65.
Seekapelle 64.
Seekarspitzen 63.
Seelein 50.
Seeleiten-Berggeist 22.
Seeleswände 32.
Siegmundsburg 52.
Sistrans 73.
Soiern-Seen 59, 60.
Solernspitze 58, 60.
Solenalpe 62.
Solstein, Großer u. kleiner 62, 66.
Solsteinhaus 62, **66**.
Sonnenbichlsee 32, 75.
Sonnenburger Hof 74.
Sonnenspitzen 63.
Speckkarspitze 63, 74.
Spieltisjoch 63.
Spießkopf 63.
Staffelsee 21, **22**.
Stalleental 64.
Stangenwald 36.
Stanzach 53.
Starnberg 20.
Starnberger Hütte 23.
— See 20.
Steile Fälle 38.
Steinerne Hütteln 42.
Stempeljoch 62.
Stepbergalpe 38.
Stubaitalbahn 72, 74.

Stuibenfälle 47, **55**.
Stuibensee 43.
Suntiger 63.

Tannheimer Gebirge 55.
Tauer (Ruine) 73.
Telfes 74.
Telfs 53, 59.
Teufelsgrat 45.
Teufelsgsaß 44.
Thaneller 53, 55.
Thörlen 35, 41.
Thörlspitzen 44.
Tiefkarspitze 60.
Tillfußalpe 42, 51, 59.
Tölz 59.
Tutzing 20.

Ueberschall 63.
Ulrichsbrücke 47.
Unterammergau 22.
Untere Blaue Gumpe 40.
Untere Gasse 58.
Unter-Grainau **34**, 50.
Unterleutasch **57**, 58.
Unter-Weidach 64.
Upsberg 51, 52.
Urfeld 59.
Urisee 54.

Vereinsalpe 58.
Viererspitze 60.
Vogelkarspitze 63.
Vomperloch 63.
Vorderes Hörnle 22.
Vorder-Graseck 33.
Vorderriß 58, **59**.

Walchensee 36, 37, **59**.
Wallgau 36, 56, **59**.

Wamberg 34.
Wank 37.
Wankhaus 34, 37.
Waxenstein, Gr. und Kl. 44.
Weidacher See 59, **64**.
Weilheim 21.
Weingärtthaler Spitze 65.
Weißensee, Der 52.
Weißhaus (Zollamt) 47.
Werdenfels, Ruine 32.
Werdenfelser Land 24.
Werner Riezler-Steig 55.
Wessobrunn 21.
Wettersteinalpe 38.
Wettersteinwand 44.
Wiener-Neustädter-Hütte 26, 35, **41**.
Wildenau 33.
Wildsee 65.
Wilten 72.
Wilzhofen 21.
Windstierlkopf 38, 76.
Wintersport 13, **75**.
Wolfratshauser Hütte 52.
Wörner 60, 63.
Wörth, Insel 21.
Würmsee 20.

Zirl 65.
Zollrevision 14.
Zoeppritzhaus 34, 43.
Zuckerhütl 75.
Zugspitzbahn 51.
Zugspitze 39.
Zundernkopf 45.

Anhang zu Griebens Reiseführer: **Garmisch-Partenkirchen**. 1925. 1

Garmisch. [1266

Bahnhofs-Hotel mit Dependance „BLAUES HAUS"
Modernste Hotelneubauten, in sonniger, ruhiger Lage.
Fließendes kaltes und warmes Wasser in allen Zimmern.
Beste Verpflegung. Zimmer von 3.—5.- M. Pension von
9.— M. an. Wintersport. Sommer- und Winterbetrieb.
Telefon 333. Besitzer: **Josef Schmidt**.

Garmisch. **Hotel Husar** Dir. J. Kobmann. [1268
(Zweighaus des Hotel Leinfelder, München). Altbek. gutes Haus.
Ruhig, zentral gelegen, mit groß. Park. Neue Gesellschaftsräume.
Fließ. kalt. u. warm. Wass. Erstkl. Küche. Tennis. Jahresbetrieb.

Garmisch (bayer. Hochland). [1270

Hotel Drei Mohren

Erstklassig gutbürgerliches Haus in ruhiger, staubfreier
Lage im Orte. Schöne Aussicht aufs Gebirge. Balkon,
Zentralheizg., Dependance, Bäder. Prima Küche u. Weine.

Garmisch (bayer. Hochland). [1269

Gasthof Rainzenfranz

Altbekanntes gutes Haus. Zentralheizung. Wagen am
Bahnhof. Telefon 230. Bes.: **Joh. Baders Wwe.**

Garmisch. [1272

Hotel Pension Ohlsenhof

Freie sonnige Lage. 3 Min. v. Bahnhof. Mäßige Preise.
Tel. 168. Telegr.: Ohlsenhof Garmisch. Jahresbetrieb.

Griebens Reise-Notizbuch
mit Kalendarium 1925—1930, zahlreichen wichtigen Angaben für
Inland- und Auslandreisen, Tarifen, Wäschezettel, Nachsendungs-
formularen, usw. Preis ca. 1.50 M.

Garmisch. [1271

Haus Nirvana

Vornehmes Fremdenheim.

Sonnige Lage,
herrliche Aussicht.
Garten und Terrasse
Gepflegte Küche.
Telefon 467.
Prospekte zur Verfüg.

Helene Jakobsen.

Garmisch. [1267

Besucht das
Bräustübl Garmisch!

Bekannt gute Küche. — Eigene Hausschlächterei.
Brauhaus-Qualitätsbiere. Balthasar Seibold, Restaur.

Garmisch-Partenkirchen. 1275

Café Fischers Nachflg.
Das vornehme Konditorei-Café

Innsbruck. [1288

Hotel Goldene Sonne
Haus I. Ranges.   Mit neueröffnetem Wiener-Café.
Dir. Alfr. Haura.

Griebens Reiseführer, Band 111:
Vierwaldstätter See. 1925. Preis 2 Mark.
Grieben-Verlag Albert Goldschmidt, Berlin W 35.

Innsbruck.

HOTEL
MARIA THERESIA

MARIA THERESIENSTR. TELEFON NR. 416
Erbaut 1909

Schönste zentrale Lage. Komfortabel eingerichtete Fremdenzimmer mit 120 Betten, Bäder, elektr. Beleuchtung, Lift, Zentralheizung, Gesellschaftsräume, Garage. Bei längerem Aufenthalt ermäßigte Preise. **Großes, bestempfohlen. Restaurant (auch für Passanten)** im rückwärtigen Trakt des Hotels. **Prachtgastgarten** mit Aussicht aufs Gebirge (Nordkette). **Wiener-Café im Hause,** täglich Konzerte im Theresien-Saal, Säle für Festlichkeiten. Hervorragende Küche und Keller, mäßige Preise. **JOSEF HEGER,** Direktor.

Klais. [1434

Gasthof zur Post

Direkt am Bahnhof gelegen. Gute Touristeneinkehr. Fremdenzimmer. Gutbürgerliche Küche. Telefon und Fuhrwerk im Hause. Besitzer: **Anton Schöttl.**

Lermoos. [1290

Hotel 3 Mohren

Familienhotel I. Ranges. Zentralheizung. Lawn-Tennisplatz. Fischereigelegenheit. Autoboxen. Eig. Fuhrwerk. Telefon 2. Bes.: Geschwister Jaeger.

Mittenwald. [1296

Gasthof zum Stern Inh.: **J. Hornsteiner.** Rechts der Bahnhofstr.
Gut bürgerliches Haus. Schöne Fremdenzimmer. Mäßige Preise.

Mittenwald. [1295

Hotel Post

mit Dependance. Dampfheizung. Autogarage. Telefon 24.
Altrenommiertes Haus ersten Ranges. Bes.: **Hans Ebenhöch.**

Mittenwald. [1443

Hotel Wetterstein

Feinbürgerliches Haus.

Behagl. Wohnen / Gemütl. Räume / Vorzügl. Küche
Kaffee-Konditorei / Münchner Bier / Garten m. Glasveranda / Sommer- u. Winterbetrieb / Zentralheizung
Telefon Nr. 8. Bes.: **Gg. Weindl's Erben.**
Elg. Mietauto nach allen Richtungen.

[1297

Hotel Traube - Mittenwald

Besitzer: Max Zehentbauer.

Nur 2 Minuten vom Bahnhof. Telefon 9. Gut bürgerlich. Haus mit schönen Fremdenzimmern. Vorzügl. Küche. Eigene Schlächterei. Behagliche Restaurationsräume. Zentral-Heizung. Reine Weine. Münchener Löwenbräu-Bier. Kaffee. Prachtvoller Blick auf das Karwendelmassiv.

Mittenwald. [1294

Hotel-Pension Karwendel

Vornehmes, bestempfohlenes Haus in groß. Garten, gegenüber der Geigenbauschule. - Bekannt durch erstklassige Küche. Südterrassen. Glashalle. Schöne Gesellschaftsräume.
Autogarage. Telefon 46. Bes.: **Frau von Bülow.**

Mittenwald. Gasthaus zur Brücke [1292

 Gutbürgerliches Haus mit schönen Fremdenzimmern.
Gute Küche. Münchner Löwenbräu. Mäßige Preise.
Schlüssel zur Leutasch-Klamm. Bes.: **Max Baader.**

Mittenwald. [1293

Pension Hoffmann

Bestempfohlenes Haus / Freie Lage / Groß. Garten
Das ganze Jahr geöffnet / / / Fernsprecher Nr. 18

Mittenwald. [1298

Pension Haus „Wittelsbach"

Bayerisches Hochgebirge - 920 m über dem Meere -
Schönste Lage am Ort - Völlig nebelfrei

Zimmer mit Balkon, Bad, elektrisches Licht, Öfenheizung,
Glas-Veranda, Garten, Garage. Anerkannt internationale
Küche. Telefon. o Besitzerin: **Gräfin Vitzthum.**

First Class Pension / Moderate and comfortable
Situated at the beginning of the Calvarienberg.

[1299

Mietautos
nach allen Richtungen.

Innsbruck, Königsschlösser, Garmisch-Partenkirchen,
Oberammergau, Walchensee, Schliersee, Tegernsee etc.

Zu zivilen Preisen.

Anton Zunterer / Mittenwald
Telefon 9.

Partenkirchen (bayer. Alpen). [1281

Hotel Post mit Parkvilla

Altbekanntes Familienhaus, das ganze Jahr geöffnet. Zentralheizung. Eigenes Auto und Fuhrwerke. Garage. Telefon 16.
=============== **Geschw. Steiner.** ===============

Partenkirchen. [1279

Gasthof u. Restaurant Melber

Altrenommiertes, gut bürgerliches Haus. Gepflegte Küche. Schön eingerichtete Zimmer bei mäßigen Preisen. Zentralheizung. Autogarage. Telefon 55.
=========== Besitzer: Josef Burger. ===========

Partenkirchen. [1284

Pension Tannenberg

Familienhaus I. Ranges in freier, sonniger Lage und in nächster Nähe der Sportplätze. Telefon 406.

Partenkirchen. [1278

Haus Inge

Vornehme Familien-Pension in bester Lage.
Das ganze Jahr geöffnet.
Telefon Nr. 301.

Partenkirchen. [1274

Café=Restaurant Berghofer
Ludwigstr.

Eigene Konditorei / Modernes, gemütliches Restaurant I. Rang. / Vorzügl. Küche / Gutgepfl. Weine / Tel. 176.

Reutte **Hotel Hirsch** Modernstes erst. **Tirol**
Haus am Platze.
100 Bett., elektr. Licht, Terrasse, Zentr.-Heiz., Bäder, eig. Equipagen. Abgang
d. Stellwagen Plansee-Linderhof-Oberammergau u. sämtl. bayr. Postautomobile.
Ab Novbr. Wintersportbetrieb. Vorteilhafte Pensionsarrang. Bes.: **Fr. Kraus.**

Reutte. [1303

Hotel Post Reutte
Feines Familienhaus.   **J. Kustatscher.**

Gasthof Mohren, Reutte
Gut bürgerliches Haus.   **Anna Kustatscher.**

Scharnitz (Tirol) an der Mittenwaldbahn. Grenzstation 963 m ü. d. M.
Auskunft u. Prospekt mit Wohnungsliste durch den Fremdenverkehrsverein.

Scharnitz. [1441

Hotel gold. Adler
Telefon Nr. 3. Altrenommierter bürgerlicher Gasthof am Eingang in die Karwendeltäler. Für längeren Aufenthalt geeignet. Prospekte durch den Besitzer: **Anton Draxl.**

Scharnitz. [1439

Gasthof Blaue Traube (Andr. Fritz)
Altrenommiert. Gutbürgerliches Haus. Echte Südtiroler Weine.

Untergrainau bei Garmisch-Partenkirchen. [1285

Badersee-Hotel
Moderner Komfort. Ruhige, staubfreie Lage in eigenem großen Park. Herrliche Aussicht auf das Wettersteingebirge (Zugspitze). Kahnfahrt. Beste Mittags- und Kaffeestation. — Autobusverbindung mit Garmisch. Fernruf Garmisch Nr. 32.   Bes.: **G. Schuh.**

Untergrainau. [1287

Hotel Waxenstein

Fernruf: Garmisch 60. - Vorzügliche Einkehr. Herrliche Rundsicht. Großes Goerz-Fernrohr. Günstige Pensionsabkommen. Touristenbetten M. 1.—.

Untergrainau. [1286

Gasthof Höhenrain

Altbekannt gut bürgerliches Haus, vorzügliche Verpflegung. Mäßige Preise.

www.ingramcontent.com/pod-product-compliance
Lightning Source LLC
Chambersburg PA
CBHW050911300426
44111CB00010B/1473